河南财经政法大学经管丛书

网络外部性市场中的技术创新和竞争策略研究

Technology Innovation and Market Competition Strategy in the Market with Network Externalities

陈慧慧　著

经济管理出版社
ECONOMY & MANAGEMENT PUBLISHING HOUSE

图书在版编目（CIP）数据

网络外部性市场中的技术创新和竞争策略研究 / 陈慧慧著. —北京：经济管理出版社，2015.7
ISBN 978-7-5096-3785-2

Ⅰ.①网…　Ⅱ.①陈…　Ⅲ.①企业管理—网络营销　Ⅳ.①F274

中国版本图书馆 CIP 数据核字（2015）第 100909 号

组稿编辑：杨　雪
责任编辑：杨　雪　赵彩侠
责任印制：司东翔
责任校对：王　淼

出版发行：经济管理出版社
　　　　　（北京市海淀区北蜂窝 8 号中雅大厦 A 座 11 层　100038）
网　　址：www. E-mp. com. cn
电　　话：（010）51915602
印　　刷：北京九州迅驰传媒文化有限公司
经　　销：新华书店
开　　本：720mm×1000mm/16
印　　张：12
字　　数：206 千字
版　　次：2015 年 7 月第 1 版　　2015 年 7 月第 1 次印刷
书　　号：ISBN 978-7-5096-3785-2
定　　价：48.00 元

前　言

　　伴随着计算机技术、通信技术的发展，网络经济对整个经济发展的影响是革命性的，对人们的生活和社会的全面发展也产生了根本性的影响。由于形成和发展的基础不同，网络经济的运行规则和运行模式呈现出与传统经济不同的新特征和新规律，在这种新的经济形势和条件下，一些经过改造的传统产业和符合网络经济发展需要的新兴产业，即网络产业应运而生。网络产业由于其形成和发展的基础、运行方式、经济规律都发生了改变，因此与传统产业相比，它呈现出一些不同点，其中最重要的一个差别就是网络外部性的存在，与传统经济条件下的规模经济相比，网络外部性的存在还使得网络经济呈现出需求方规模经济，即一种技术或产品对于消费者的价值随着使用该种技术或产品人数的增加而增加的现象。这种现象一方面对网络产业的市场结构、企业的市场行为以及市场的运行结果产生了深刻而广泛的影响，这些影响无疑对企业的技术创新和竞争策略提出了更高、更新的要求。另一方面网络外部性的存在使得消费者选择技术或产品时不仅会考虑产品的质量，还注重技术或产品的已有用户规模，企业花费大量人力、物力进行技术创新，结果能否成功地被消费者选择，能否顺利进入市场并快速发展起来，企业的技术创新行为在新的影响因素下又会有什么新的变化？本书正是基于对这些问题的思考，在网络产业具体的市场结构中分析消费者因素和企业行为及两者的相互影响，对具有网络外部性特征的市场中的技术创新和竞争策略进行深入剖析。

　　纵观整个经济学发展的历程，从完全竞争到完全垄断，始终是以市场竞争的讨论为主线，有竞争的存在就离不开战略的制定和实施。网络外部性对市场竞争的影响是广泛的、深刻的，网络外部性下的技术创新和竞争不仅包括网络外部性作用对技术竞争影响的经济学分析，还包括网络外部性条件下技术竞争策略的分析。在网络外部性作用下，传统经济环境中的垄断、竞争、垄断竞争等市场结构下企业的策略性行为也将具有新的特点，具体体现在企业的技术创新不仅包括技术供给方，而且包括技术需求方。所谓的技术需求指的是消费者对新技术或新产品的采纳，当一项技术或产品表现出明显的网络外部性特征时，采用该技术或产品的价值就会依赖于采用该种技术或产品的其他用户的数量。技术的需求就是技术创新的前提，网络外部性市场中新技术采纳延迟多久既与初始规模有关，又与网络规模和技术质量之间的可替代程度有关。基于此，就出现了两种极端现象：当一项新技术由于不具有临界规模或从旧有落后技术转移到该技术或产品的成本过高时，即便该技术或产品能够带来社会福利的整体改善也不会被消费者采纳的"超额惯量"现象；当消费者追求高科技而过快地采纳还未完全成熟的新技术或新产品而造成旧有技术未能得到充分利用就被淘汰，从而带来的资源浪费的"超额冲量"现象。"超额惯量"是由于转移成本、锁定和路径依赖因素的存在而产生的旧技术阻碍新技术发展的现象。转移成本对消费者来说是一种机会成本，它包括由直接网络外部性所发生的成本和由间接网络外部性所发生的成本。恰恰是由于对较高转移成本的担心，消费者不得不长期被锁定于一种陈旧技术，这种现象就是技术演进过程中的路径依赖，这主要是由于网络外部性表现为需求方的规模经济性。在技术供给方面，企业会考虑技术的采纳问题。在传统经济背景下，由于技术更替速度相对较慢，当一项新技术被引进时，旧有技术也几乎得到了充分利用，而且竞争者较少，需求方因素较弱，一般都是接受者，因此，一旦市场上出现了新技术便被采纳。而网络经济条件下，需求方因素影响强烈，一项新技术或产品并不一定能够被采纳，所以，企业不会轻易进行技术创新，否则有可能会出现即便新技术或新产品研发成功，但由于不被市场采纳而导致前期成本无法收回的现象，因此，企业的技术创新动力就不足。技术需求和技术供给的双重作用是厂商采用不同策略性行为的直接动因。兼容性选择和标准化决策是网络产业常用的竞争策略。在网络外部性条件下，技术兼容和标准化对厂商来说是一把"双刃剑"，既有兼容与标准化所发生的成本，也存在着相应的收益，厂商往往会采用使自己在竞争中处于有利地位的一些策略。

网络外部性理论是研究和探讨网络企业行为的基础，具有网络外部性特征的市场具有多重均衡性、非效率均衡性，需求曲线也有新特点，市场中存在"赢者通吃"的特征，这些特征使得网络产业的技术竞争和技术创新也呈现出新特点，其中，技术创新具有周期性波动的特点。初始时期的技术竞争往往比较激烈，标准一旦确立，不兼容技术之间的竞争便会减弱，竞争的方式也就转变为在统一标准内部的竞争。由此可见，技术竞争和技术创新有着不可分割的关系，有了技术创新，才能利用新技术或新产品参与技术竞争。技术竞争其实是技术创新的表现，而技术创新又是技术竞争的前提和动力。由于网络外部性市场中的技术创新具有周期性波动的特点，技术竞争其实是两种竞争交替进行的，即先有技术间的竞争形成标准，一旦标准化就会产生统一标准内部的竞争，当统一标准内部的竞争过于激烈时，就会有新的标准产生，重新开始新的标准竞争。

网络外部性市场中的技术创新和竞争行为也具有政策上的特殊性，具体表现为持续创新、竞争的动态性、出于各种需要而发生的厂商合作、消费者预期在技术竞争中的重要影响等，这都改变了厂商的竞争行为，使其行为特点表现在两个方面：技术创新及知识产权与厂商垄断是紧密相连的；厂商的垄断也是动态的。政府在针对网络产业中的反竞争行为时需要慎重思考,"合理规则"与"本身违法法则"虽然被广泛应用于反垄断的实践中,但由于网络外部性市场中企业竞争行为的复杂性和特殊性,"合理规则"或许会得到更广泛的应用。

本书分析了网络外部性作用下中国网络产业的技术创新与竞争、市场的技术标准竞争及演变。网络外部性特征明显的企业,其技术竞争和创新也具有与其他行业明显不同的特征,已有文献进行了相关研究,本书从网络外部性条件下技术竞争的角度,根据网络产业的具体特征,探讨企业在技术创新、技术竞争过程中呈现出的新规律和新特点,在此基础上对网络企业之间的技术竞争及标准竞争进行研究,通过建立模型将转移成本、兼容性、网络规模和产品质量等影响因素考虑在内,考察各因素对网络外部性市场中企业技术创新和企业之间技术竞争的影响,从而揭示了网络外部性市场中企业竞争的动态性以及消费者预期在其中的重要性。

目　录

第1章 引 言

1.1 研究背景、意义

1.1.1 研究背景

随着互联网技术的迅速发展，世界经济的运行方式已经发生改变，计算机网络已经渗透到社会经济生活的各个方面。网络对人们的日常生活的影响也越来越深，网络的广泛应用使得人们生活的方方面面，无论是学习、工作还是购物、娱乐，都变得更加快捷、舒适和有效。网络也使得企业的经营方式发生了改变，企业的生产、分配、交换、消费各个环节都离不开网络的支持，无论是内部资源的协调和配置还是外部信息的获取和整合，网络都为其提供了一个便捷有效的平台。这种建立在计算机网络基础上的，以信息技术为核心的经济形态就是网络经济。网络经济的发展从宏观层面上改变了经济的运行模式，使得经济结构以及各方经济主体的协同作用进一步增强，从而带来社会整体经济效益的提高；而在微观层面上则是改变了企业的运作方式，使信息、知识和人力资本成为网络经济时代企业发展的重要资源。在网络经济时代，能否利用网络获取各种有益的信息资源以积累和产生新知识是企业竞争力提升的关键。

这些变化使得网络经济表现出与传统经济不同的现象和特征。在传统经济中，产业发展的早期，存在生产的规模经济性，是正反馈阶段，但由于大组织管理存在"X—非效率"，发展规模超过一定程度时，负反馈就会起主导作用，这种作用的结果是市场会发展到一个平衡点，以使强者变弱、弱者变强，不会走向一个单极主宰市场的极端。在网络经济条件下，联结在一起的人越多，网络的信息资源就越丰富，网络的功能和价值就越大，这就是需求方正反馈，这种正反馈作用在竞争的过程中是绝对的也是完全的，它使企业在发展到很大规模时也不会零散，只会随着企业中使用网络人数的增加而使企业变得更强，这种正反馈占主导的机制会让弱者更弱、强者更强，最终走向单极主宰的极端。为了获得这种主宰市场的地位，企业之间将会展开新形式的竞争。传统经济中技术创新是一个企业获得竞争优势的关键，网络经济中除了创新外，企业所拥有的网络用户规模也成了企业获得优势地位、实现成功发展的重要因素。

网络经济条件下，一种技术或产品对于消费者的价值会随着购买该产品，或能够与该产品兼容的其他产品的消费者人数的增加而增加，这就是所谓的网络外部性。例如，消费者在决定加入电话网络时会倾向于选择拥有较多用户的一方，网络中的用户越多，对新加入的用户来说，可通话的对象就越多，此电话网络对新用户的价值也越高。这种网络外部性的存在促使企业不得不采取各种方式扩大自己的网络规模，以此来提升自身产品的综合价值，以吸引更多的消费者加入进来，从而再次扩大了网络，这种良性循环能让企业充分认识到网络规模在网络外部性市场竞争中的重要作用。在传统经济中，企业可以通过创新提供新产品以吸引消费者，但在网络外部性存在的市场中，由于原有网络规模对消费者已经形成了一定的价值，即使市场上有高质量的新产品出现，消费者也不一定会放弃原有的网络规模转而去购买一个网络规模很小甚至为零的产品，因为，一方面，消费者已经对原有产品的网络规模产生依赖；另一方面，消费者如果选择购买新产品，不仅会面临原有大网络规模的损失，而且还要重新对新产品进行学习和适应，这些都构成了消费者的转移成本。转移成本的存在使得消费者不愿接受哪怕是高质量的新产品而选择继续购买旧产品，这就是原有企业对用户的锁定。虽然在网络产业中，新技术产品替代旧技术产品是很普遍的现象，但这比较容易发生在企业自身中，因为企业自身研发的新产品一般会选择与其旧产品相互兼容。如果新产品的技术是新进入企业或者小规模企业通过技术创新提供的，且不与在位企业的旧产品相兼容，那么由于转移成本的存在，这种新产品就有可能不被消费者接受，而新技术也不会被市场采纳，这对激励企业创新来说无疑是一种阻碍，此时拥有新技术的新企业如何确定一个有效的市场竞争策略就显得尤为重要。在新技术产品的推广中，需要正确考量自身产品的优势、网络外部性作用的影响以及兼容策略的选择。在此过程中，在位企业为了阻止新进入企业对其市场份额的侵蚀，一般也会发挥其大网络规模的在位优势，通过提升自身产品价值和提供老客户惠利等方式加强对已有客户的锁定，以增加客户转移购买新产品的成本。但新旧技术迟迟不能更替时，就会影响整个技术进步的发展。

在网络经济时代，网络外部性问题的存在使得新技术的实现变得困难重重，导致创新受阻，而市场竞争中不再仅仅是企业唱主角，消费者的"配角"地位也越来越得到转变和重视，需求方因素对企业竞争的影响也受到前所未有的关注。

1.1.2 选题意义

网络经济时代的到来使得许多与传统经济形态不相同的新的经济特征开始呈现，传统经济理论的解释力在网络经济的新形态下显得有些单薄，这使得传统分析框架下的一些重要问题需要被重新认识和解释，特别是企业技术创新与企业竞争行为方面的。

新古典经济学认为，由于存在规模经济，企业规模可以任意扩大而不会缩小，因为缩小即是规模不经济。在他们的模型中，企业制度是外生的，因此他们的理论无法解释OECD地区及亚洲新兴工业化国家和地区的一些实际情况，这些国家与地区厂商规模平均来看是呈现倒"U"形变化趋势的，也就是说厂商规模平均来说是越来越小的。直到以科斯为代表的新制度经济学将交易费用纳入经济分析框架中，才使得企业规模不能无限扩大的现象得以解释。同时，现代商业中的一些新现象，如企业规模变小、生产模块化、服务外包等也从交易费用的角度得到了理论解释，但这两者对网络企业中用户规模对企业的作用以及企业规模可以无限扩大的现实都无法说明白。新古典经济学认识到企业规模可以无限扩大是因为存在规模经济，这和网络经济中的规模扩大和规模经济不同，因为网络经济中存在消费者规模经济，而前者主要针对的是生产上的规模经济。新古典经济学关于技术创新的解释是将技术进步作为随时间变化而提高的外生变量，将技术进步的过程看成一个"黑箱"，自然也就无法解释企业生产率差异，新技术产生、采用以及扩散等现象，更没有讨论到技术创新对企业竞争力的影响。新熊彼特学派开始将技术创新看作一个各因素相互作用的过程，试图去揭示技术创新内部的运作机制，该学派研究了新技术推广、创新与市场结构的关系、技术创新与企业规模的相互作用等核心问题，提出了最有利于创新的市场结构，他们认为完全竞争的市场结构中企业规模都较小，因而缺乏进行创新的资金和人力保障，但完全垄断的市场结构虽然没有竞争的威胁却也没有创新的动力，因此，最有利于创新的市场结构是介于完全垄断与完全竞争之间的"中间层面"的市场结构形式，但该学派对"中间层面"中不同市场结构对创新的影响却没有具体的说明。按照目前对市场结构的划分，我们可以试想一下"中间层面"的市场结构形式主要是指寡头垄断和垄断竞争两种，寡头垄断实力强大，有足够的能力进行研发活动，创新成功率高，市场前景大，但是如果寡头之间形成某种联合或原有产品尚存在利润空间时，创新就不会实现。这种分析与网络企业中创新受阻又有不同，网络企业创新受阻是由于新技术不被采用从而使创新激励不足。以美国经济学家兰斯·戴维斯和道格拉斯·诺斯为代表的制度学派认为促进经济增长的关键是建立一种能够激励创新的制度，通过建立一种所有权使得创新活动的私人收益率和社会收益率近似，认为新技术的发展必须依靠一个系统的产权制度，这和网络经济中的创新一样，网络外部性市场中的技术采纳和发展需要一个合理的专利制度的保护，最大限度地维护创新者的私有利益，网络外部性本身的存在对创新来说已经构成一种阻塞，如果政府再不从法律上给予创新者保护，创新的动力就会更加不足。

以上理论关于企业技术创新以及竞争策略的论述虽然在某些方面对网络外部性市场中的创新有一定的解释，但解释作用微小，这些理论中关于网络外部性中的消费者需求因素的解释尚显乏力。虽然熊彼特在早年就认为需求规模的扩大能够通过市场中介影响技术创新的速度、方向、内容和结构，并提出企业应该将需求因素作为创新的影响因素之一，但网络外部性市场中需求因素主要是考察消费者选择对新技术采用的影响，转移成本和兼容性等新出现的因素对消费者选择的作用在熊彼特的创新理论中尚未找到解释。这也是网络经济对传统的经济分析框架提出的挑战。因此，在新的经济形势下考虑网络外部性对技术创新以及企业竞争的影响等相关问题，并对其进行重新研究就显得尤为必要，对新经济形势下出现的一些新特征和新问题的探讨迫切需要对原有的理论进行扩展和加深，以及在原有分析框架的基础上的进一步延伸，这也是本书的理论意义所在。

在网络经济环境中，具有网络外部性特征的产业主要包括以数字技术、宽带技术以及无线通信技术为基础的计算机行业、电信、网络游戏产业以及航空、电信、铁路等基础设施行业。以具有典型的网络外部性特征的通信产业为例，网络外部性的存在，使得正反馈作用占主导的情形出现，虽然这是需求和供给双方共同作用的结果，但由于需求方因素的强烈影响作用，这仍然可以被称为需求方规模经济。通信产业具有用户安装规模、产品兼容性、技术标准、消费者转移成本等明显的网络外部性特征，而且通信产业的技术创新特征尤其明显，技术更替也相对较快，这两个特征也决定了通信产业的市场结构大多为寡头竞争和垄断竞争。由于网络外部性的存在和相关政府政策的制约，中国的通信产业主要体现为寡头竞争形势。通信设备供应商处于通信产业链的下游，其产品具有高沉淀成本的特征，因此形成了进入壁垒，但由于运营商的需求不同，从供应商的角度就形成了垄断竞争的格局。对于电信产业的发展来说，由于该行业的创新公司多如繁星，人们也就认为它的发展是属于技术驱动型的，直到2000年出现"电信泡沫"[①]，人们才开始思考，电信的发展到底是市场驱动还是技术驱动？这要根据产业发展的阶段来看，如果从短期来看企业的技术创新行为，产业的发展主要是依靠在短期阶段的特定技术下市场需求的推动。如果将技术创新看成一个长期行为，将整个技术进步看成一个整体，则可以说，产业的发展主要是技术驱动的，因为在技术进步过程中的各个阶段上所发生的各种创新能够激发人们的需求。从电信产业的技术创新和新技术推广上也可以看出固有安装基础对创新的阻碍作用。作为移动通信市场的后进入者，联通采用欧洲的GSM进行自身网络建设，但因其并不具有固网资源的优势，从而一直处于追随地位，其市场利润也低于具有先占优势的中国移动。中国移动通信产业的网络外部性越强，所拥有的用户就越多，中国移动和中国联通的市场份额差

---

① "电信泡沫"是指2000年美国纳斯达克股票市场"网络泡沫"的破灭。20世纪90年代，越来越多的高科技股票在纳斯达克交易市场上市，网络通信技术的广泛应用驱动着股市的上涨，这种上升趋势在90年代后期不断加强，1995年7月，指数突破1000点，2000年3月指数创下了5048.62点的最高纪录。随后纳斯达克指数便一泻千里，从5048.2的高点一路跌到2002年9月份的1172.06点，一共跌掉市值的77%，无数公司倒闭破产，无数的投资者血本无归。这便是"电信泡沫"，也称为"纳斯达克股灾"。

异就越大。如果新技术想要赢得市场，首先就要快速达到临界规模，这就需要找到新技术的采用者，但中国的运营商市场和欧美的不同，欧美是完全开放的，市场上存在着各式各样的不同类型的运营商，对技术的需求也不一样，因此找到新技术的采用者就相对容易，也能够建立起安装基础。中国的运营商市场没有完全开放，其运营模式基本一样，对技术的需求也基本趋同，因此比较难找到新技术采用者，但这不一定就说明企业不应该通过创新来提升竞争力，技术创新不仅是企业竞争的重要手段，也影响着整个技术的进步，从而影响整体社会福利的提升。因此，关于在位企业拥有网络规模优势的情形下，拥有新技术的后进入企业如何突破进入障碍，使得自身新技术的采用变得相对容易，以快速建立自己的安装基础的问题也就变得相当重要，并且新技术的采纳直接影响进步的进程。所以，如何适宜地促进新技术的采用和推广，以保证技术进步的顺利进行是值得思考的主要问题。

1.2 研究方法与范围界定

1.2.1 研究方法

1.2.1.1 博弈分析方法

博弈分析是现代产业组织理论中主流的也是重要的分析方法，它主要用于分析特定市场结构下企业竞争策略中的互动行为。本书主要是分析网络外部性、兼容性以及转移成本对企业竞争过程中相关策略选择的影响，分析的对象是在位企业和拥有技术产品的新进入企业，试图解决的问题是在网络外部性作用下的在位企业以及新进入企业如何根据网络外部性强度的大小、新旧产品的质量差异程度、转移成本等因素来综合决策企业该如何行动，以获得最大的市场利润、市场份额，在此过程中必然会有两个企业的互动行为发生，因此将会用到博弈分析的方法。

1.2.1.2 案例研究方法

因为网络企业一般和人们的生活密切相关，手机、电脑以及多媒体等产品随处可见，都已经成了人们日常生活的必需品，它们提升了我们学习、生活和工作的效率及质量。正是因为这种必需性，这些产品的生产商和提供商都不断通过各种方式将自己的产品推向市场，获取消费者的青睐，企业之间的竞争也显得越发激烈，在竞争中失败或者成功的例子也随处可见。人们对这些现象的发生也有一定的知情性，通过案例进行分析说明所得到的结果也更能够得到认可和支持，更有普遍意义和现实意义，也更能够支持本书的观点。因此本书在讨论企业进行技术的竞争策略的选择时，选取了具有代表性的案例进行分析和说明，希望将理论与实际相结合。

1.2.1.3 比较分析方法

由于网络经济表现出与传统经济不一样的规律和特征，有其自身的运行规律和发展模式，因此，在分析网络经济时代的网络企业时，就应该准确把握其与传统产业不同的发展规律，从其所表现出的与传统产业不同的特征出发，按照网络经济的运行规律探究网络产业所应该遵循的发展模式。但这并不是说传统经济理论是可以完全被网络经济理论替代的，经济理论的发展是在原有理论的基础上延伸和扩展的，在原有分析框架下丰富和完善的。网络经济所显现出的一些新特征、新理论正是传统经济理论需要丰富的，因此，清楚认识网络经济与传统经济的不同点就显得尤为重要，这首先就需要对两者进行比较研究，归纳和总结出异同点，只有清楚掌握了网络经济与传统经济在经济发展规律上的差别，才能在传统经济理论分析框架的基础上采用新的适于网络经济分析的新方法和新理论对网络产业进行研究。所以，在探讨问题之前首先将网络经济和传统经济进行比较分析以得出网络经济下网络产业的一些特征是本书的首要工作。

1.2.1.4 数理分析方法

数理分析方法是经济学和管理学普遍使用的方法，在对模型进行规范的假设基础上进行严密的逻辑推理和数学归纳，得出的结论相对于冗长的文字说明更具有说服力和可证性。虽然数学模型的构建需要一些前提假设，这些假设一般与事实不能完全符合，因此，得出的结论也有一定的非现实性，但也是在对实际情况进行提炼后得出的，它仍然具有一定的参考性。本书在探究网络外部性强度、兼容性以及转移成本对企业策略选择上以及创新行为分析上都通过建立数学模型的方式进行说明，以使分析过程更具有逻辑性和科学性，得出的结论也更能经得起推敲和检验。

1.2.2 研究范围的界定

企业技术创新和竞争行为存在于任何的商品经济社会，在"理性人"的经济学假设下，企业的最终目的是追求企业利润最大化，市场中的企业都希望获得最大利润、最大市场份额，以占据市场优势地位，因此，企业的创新行为也成为企业获取利润和竞争优势的方式和途径，在此过程中，企业之间的市场争夺就不可避免。企业创新和竞争的研究也是传统经济理论中研究的重要内容。本书研究的企业是网络社会背景下的企业形式即网络企业，既然是新经济条件下的企业形式，必然有一些与传统经济企业形式所不同的新特征和新规律，尤其是由于网络经济中网络外部性的作用，使得企业创新和竞争行为有了新的影响因素，如转移成本、兼容性等，这也促使网络企业的创新模式和创新激励向着多因素影响的方向发展。虽然无论是何种经济形式，企业竞争策略的选择都是为了追求利润最大化，但是网络经济条件下的竞争策略的影响因素却有所改变，这无疑是由于网络外部性的存在，因此，本书分析的对象是网络外部性作用下的企业、企业的创新和竞争策略选择问题。同时考虑网络外部性市场中技术创新激励的变化所带来的整体技术进步进程的改变以及技术扩散曲线的变化。

1.3 本书的创新之处

在传统经济条件下，拥有创新实力并创新成功的企业一般在竞争中会占据优势甚至是垄断地位，在网络经济条件下，由于网络外部性的存在，除了创新，企业所拥有的大网络规模也同样可以让企业获得成功和主宰市场，这是与以往的理论不同的一点。另外，在网络外部性市场中，兼容性成了企业需要考虑的重要因素，也是影响企业利润和市场份额的关键。不仅是新进入的创新企业，用于大网络规模的在位企业都需要考虑兼容性问题。虽然现有的文献也有许多关于兼容性的理论的分析，但大都没有将企业的创新激励因素考虑在内，本书在分析网络外部性对企业创新影响时，放开企业生产成本为零的假设，考虑包括创新投入在内的企业成本因素的影响以及创新过程中溢出效应对创新的影响点，基于这样的理论基础，本书的创新之处主要体现在：

第一，虽然网络经济的相关概念已经被人们所熟识，一些普遍性的理论也在逐渐形成和被认可，但是网络经济作为一种新的经济形态，其所具有的深层次的理论内涵和其背景下微观经济体的相对具体的理论还不够完善和坚定。一些新问题所引起的讨论仍然没有定论，关于网络企业创新和竞争策略的研究，虽然已经有相当一部分文献在不断探讨，但也只是处于交流观点和试探性确立一些共性结论的阶段，本书在这些讨论的基础上对已有的观点进行归纳总结，努力寻找出一些新的规律和现象，进一步分析网络外部性市场中兼容性对企业创新以及竞争策略选择的影响。在建立企业创新行为模型时，不再坚持以往分析方法中成本为零的假设，而是将企业的生产成本和创新成本考虑在内，使得分析方法更具现实意义，得出的结论也更能够在理论上得到支持。

第二，在分析假设上，除了改变成本为零的严格假设之外，还将市场中的企业分为在位企业和拥有新技术的新进入企业，这与现有文献的分析稍有不同。已有研究中大多在模型建立时考虑的市场结构为双寡头企业或领导者企业与追随者企业形式，也有少数文献考虑后入企业进入市场的策略选择问题，但并没有针对后入企业拥有的技术类型和产品特征将企业进行分类，在网络经济环境中，企业的进入壁垒更加多样化、复杂化，拥有不同技术类型和产品特征的企业进入方式和进入策略也各有不同，产品质量或技术水平又是企业市场进入获得成功的关键因素，是消费者选择产品的主要依据，而企业能够成功进入市场关键就在于其产品或技术能否得到消费者的认可。因此，在研究企业的市场进入问题时对其产品和技术水平进行分类考察显得尤为必要。

第三，在分析竞争策略选择时，通过引入代表性的案例说明把握新技术采用时机以及迅速建立临界用户规模对企业在竞争中一举获得成功的重要性。企业的新技术采用策略对企业的竞争结果起着关键性的突击作用，清楚地认识到市场对新技术需求的时间，能够帮助企业牢牢把握适宜的机会。错失机会的企业会"一步走错，全盘皆输"，这也充分体现了网络企业竞争的"胜者为王、败者为寇"的现象。

第四，在对网络企业的策略行为进行探讨时，突破了传统产业中关于策略性行为的限定，试图提出适合网络企业特征的策略行为，如兼容性策略、标准竞争策略、锁定策略等，其中重点讨论了兼容性策略对企业策略选择以及创新激励的影响。在此基础上，分别对在位企业和新进入企业的兼容性选择进行具体研究，根据各自企业所处的市场地位和所具有的优势分别提出适合两者各自发展或者共同发展的策略，在一定意义上扩展了传统经济理论。

第五，一般在分析新技术采用时，要么从需求方因素出发，要么从供给方角度切入，本书同时分析供给方和需求方因素对新技术采用的作用，充分考虑到消费者选择对新技术采用的重要影响。同时将企业对新技术的推动作用纳入分析范畴，从企业追求利润最大化出发，探究企业如何利用良好的时机及时选择采用新技术以吸引消费者购买其产品，从而在市场竞争中获胜的现象。

1.4 逻辑框架与研究内容

本书共由九章构成，总体分析框架如图1-1所示。第1章为引言部分；第2章为文献综述部分；第3章至第5章为网络经济和网络企业相关的理论分析部分；第6章对新技术采用的需求和供给因素进行分析，并引入案例进行现实参考；第7、第8章通过建立数学模型对网络外部性、兼容性、转移成本对企业竞争策略的选择以及加入创新因素后的策略选择行为进行分析、讨论和概括；第9章在所有章节的基础上对本书进行总结并对未来研究进行展望。

关于本书各章的具体研究内容如下：

第1章引言，主要交代了本书选题的网络经济背景以及本书选题的理论意义和实际意义，主要以传统经济理论下的分析方法为出发点，交代网络社会背景下经济运行的新规律和新特征，进而提出处于网络经济环境中企业的新形式——网络企业的发展，其创新行为和竞争策略在网络经济运行时代是如何发生的。同时也交代了本书在研究过程中所使用的研究方法，以及本书整体研究范围，最后介绍了本书的基本分析框架和所研究的具体内容。

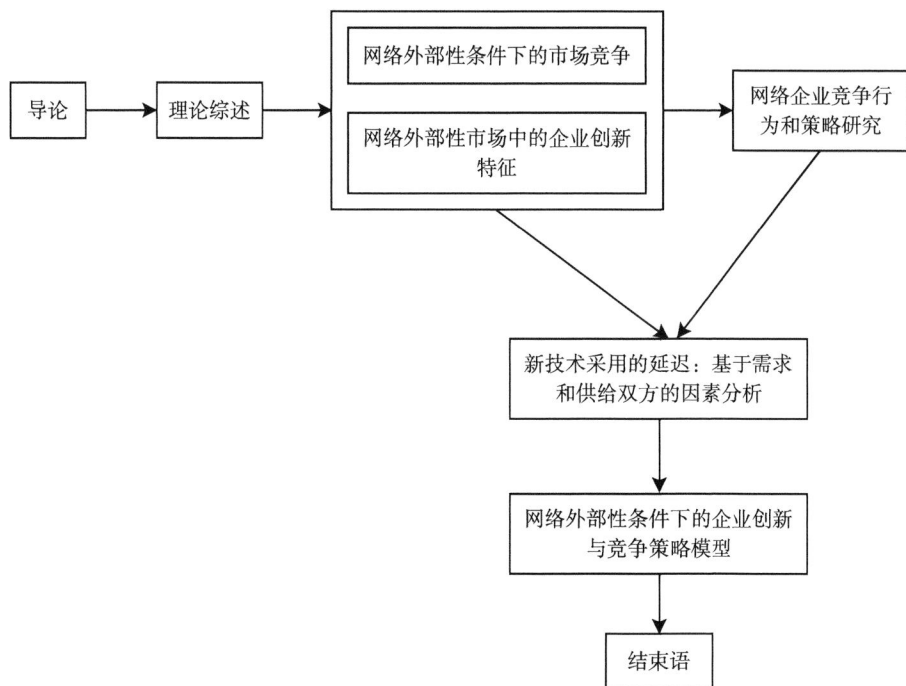

图 1–1　本书的整体分析框架

第 2 章文献综述，首先对本书研究所涉及的网络外部性、网络企业等重要概念的研究进行归纳和总结；其次对本书的研究重点——网络企业的创新及竞争策略进行全面概括，从各创新理论学派出发并以传统产业组织理论中关于企业竞争策略的研究为参照，在国内外已有研究的基础上对网络外部性问题，网络外部性作用下的企业创新和竞争策略问题进行系统地总结和归纳。基于现有的研究所得出的结论，对该问题的研究阶段进行界定并提出新问题供以后研究参考。

第 3 章主要介绍了网络外部性市场中的一些特征，包括网络外部性市场中的市场结构、经济特征等，这些特征是分析网络外部性市场中的企业技术创新与竞争策略的前提，只有在准确认识了网络企业所处的市场环境和市场特征以后才能对与企业发展相关的其他问题逐渐进行深入研究和探讨。

第 4 章针对网络企业的创新特征进行具体介绍。由于网络企业是网络经济形势下新的企业形式，在企业技术创新上也必然受网络外部性、兼容性、转移成本等网络经济条件下企业特征的影响，当然在技术创新方面也存在与传统的企业形式不相同的一面，因此，对网络企业的技术创新特征进行研究显得尤为必要，只有研究了网络企业的技术创新特征，才能在此基础上对整体网络企业中技术创新的路径依赖、技术扩散、新技术采纳等技术进步问题进行分析。

第 5 章为网络企业的竞争行为和策略选择研究。介绍了网络企业竞争中的决定性因素即网络规模、安装基础以及锁定。由于网络外部性的作用，一个企业要想在竞争中站稳脚步，先要考虑企业自身的网络规模问题：如果企业是一个新进入的企业，那么它是否能够依靠某种特殊优势快速建立起一个临界安装基础；如果是在位企业，那么它是否能够通过利用用户锁定效应来提高转移成本等策略来维持企业已有的网络规模不受新进入企业的侵蚀，并在此基础上实现自身网络规模的扩大，在与新进入企业的竞争博弈中保持其固有的在位优势。

第 6 章主要研究新技术采用的问题。在网络企业中，由于网络外部性的作用使得消费者在转移购买新产品的时候要支付转移成本，也就导致了消费者不愿意采用新技术或新产品而继续选择购买旧产品，这会造成新技术不被采用的现象，对整个产业的技术创新也有一定的负效应，影响技术进步。因此，在分析企业通过获得新技术试图进入市场与在位企业竞争时，新技术是否被采用的问题是首先需要探讨的。

第 7、第 8 章是网络外部性条件下的企业技术创新与竞争策略的模型分析。在相关的假设基础上，建立消费者效用函数和企业利润函数，通过使消费者效用最大化和企业利润最大化，考察转移成本、网络外部性强度、兼容性对企业技术创新的作用以及对企业竞争策略选择的影响，在模型结果的基础上得出一些结论。

　　第 9 章主要对论文整体进行总结和归纳，包括论文存在的一些不足之处，并对以后需要研究的重点和方向进行了展望，以期推进后续的研究，使之更加完善和深入。

第 2 章　文献综述

2.1　网络外部性相关文献综述

网络外部性是网络企业本身所具有的特征，也是网络企业与传统经济中的企业形式的最大不同。对于网络外部性的研究，根据其具体含义可以追溯到 20 世纪 50 年代的相关理论研究，虽然在 50 年代网络外部性的概念还没有被正式提出，但经济学家对消费者的消费选择有时候会出现跟随和从众的现象进行过相关研究，这和网络外部性中提出的消费者人数会随着网络规模的扩大而增加的现象类似。也正是由于这些早期的探索性研究的不断深入，才能够使后期的研究更加系统和规范，因此，我们有必要对早期的研究做一下梳理。

2.1.1　20 世纪 80 年代中期之前的起步期研究

早在 20 世纪 40 年代，就有人注意到竞选活动中所表现出的"从众效应"，也叫"花车效应"，即选民的选举决策会受到其他选民决策的影响，当一方候选人拥有较多的选民支持时，他就更容易吸引更多的选民来加入支持队伍。"从众效应"一词从"Bandwagon"到"Bandwagon Influence"，最后一直到现在使用的"Bandwagon

Effects", 经历了一个比较长的过程。1940 年, Walter M. Pierce 在 *Public Opinion Quarterly* 上发表文章 "Climbing on the Bandwagon"[①], 列举了 1916 年总统选举活动在占选民比例近 40% 的俄勒冈州的情况, 虽然当地一开始就为候选人 Wilson 举办了一场成功的竞选活动, 但在最后时刻来自纽约的标题为 "Hughes Elected", 副标题为 "Hughes Carries Atlantic Border" 的新闻让当地大多数选民认为 Hughes 已经取得了压倒性的胜利, 无论为 Wilson 做什么努力都可能是徒劳, 因此大多数人将选票转投给了 Hughes, 就这样, Hughes 在不经意间打败了的 Wilson。Walter 在文章中也列举了 1924 年和 1936 年的总统选举活动, 从中得出了选民 "为胜利者投票" 的结论, 这说明选民都会选择投给已经拥有较多支持者的一方, 这就是 "从众效应"。它是指当个体受到群体的影响 (引导或施加的压力), 会怀疑并改变自己的观点、判断和行为, 使自己的观点判断和行为朝着与群体大多数人一致的方向变化。这也就是通常人们所说的 "随大流"。此后, 有一部分学者也注意到了选举活动中的这种效应, 提出了与 Walter 相类似的说法。其实从众效应在经济学中出现是在 1950 年 H. Leibenstein 的文章 "Bandwagon, Snob and Veblen Effects in the Theory of Consumers' Demand" 中, H. Leibenstein 在分析消费者选择行为时将影响需求的因素分为 "Functional" 和 "Nonfunctional" 两种, 前者主要是指产品质量因素对消费者需求的影响, 后者包括 External Effects on Utility、Speculative 以及 Irrational 三种因素的影响, External Effects on Utility 包括 Bandwagon Effect (从众效应)、Snob Effect (虚荣心效应) 和 Veblen Effect (凡勃伦效应) 三种, 其中的从众效应是指消费者需求会随着购买相同产品的消费者人数的增加而增加, 这种现象可能是为了和他们想要联系的人保持一致; 为了追赶时尚或者潮流; 或者为了成为"众人中的一个"等聚众心理造成

---

① Walter M. Pierce. Climbing on the Bandwagon [J]. Public Opinion Quarterly, 1940, 4 (2).

的，显然，这里的从众效应已经被作为一个影响消费者需求的外部因素来分析了①。

之后，从众效应也逐渐被一些学者用于分析经济问题，即使后来网络外部性概念被正式提出，从众效应仍被用于一些经济现象和问题的研究当中。1985 年，Katz 和 Shapiro 在对网络外部性进行分析时提出从众效应有可能是网络外部性的来源之一。1998 年，Kandori 和 Rafael 提到或许在某些方面，从众效应与网络外部性相比更具有网络现实性。2001 年，Rolfs 还将网络外部性和互补产品的从众效应同时作为从众效应的两个类别。

继以上学者对从众效应的描述之后，Roland Artle 和 Christian Averous（1973）是首位将消费者效用具有相互依赖性的特征纳入到经济学分析框架的经济学家②，他们在分析电话服务行业的增长时，通过建立一个动态模型，将个人消费者效用函数考虑在内，分析电话行业的公共产品性质，并得出个人之间的消费者效用具有相互影响和依赖性，这一特征和网络外部性中"消费者效用随着使用人数的增加而增加"的现象相近，虽然他们的研究还没有涉及网络外部性中的一些内在逻辑和完整的理论内涵，但已经提出了消费者需求相互依赖的特征能够维持产业的持续增长的观点，已经触及了网络外部性中用户网络的稳定是企业持续增长的关键这一重要产业特征。

将消费者效用具有相互依赖性的特征进行深入的系统性研究，并正式聚焦安装基础对企业发展、市场价格和均衡的影响的研究的是经济学家 Rohlfs（1974），他通过对电信行业的研究，认为消费者（用户）购买通信服务所获得的好处会随着使用该服务系统的消费者

---

① H. Leibenstein. Bandwagon, Snob, and Veblen Effects in the Theory of Consumers' Demand [J]. The Quarterly Journal of Economics, 1950, 64（2）：183-207.

② Roland Artle, Christian Averous. The Telephone System as a Public Good: Static and Dynamic Aspects [J]. The Bell Journal of Economics and Management Science, 1973, 4（1）：89-100.

人数（规模）增加而增大，即消费外部性。消费外部性的特征在通信产业中十分明显，并对分析通信产业极为重要，当消费者具有相同选择时，由于消费外部性因素的存在会使得累积需求函数的形状为倒"U"形，这就有可能出现多种均衡的结果，至于最终会是哪一种则取决于整个均衡的不断调整的过程。Rohlfs 还通过倒"U"形的需求曲线引出了启动的问题，即企业应该怎样使用户网络规模达到临界容量的问题。

Rohlfs 对网络规模、消费外部性、临界容量、消费者偏好的提出以及在这些理论中产生的均衡价格、企业发展等问题对网络外部性的后续研究具有十分重要的开创性意义和指导作用，虽然他的研究是针对当时的通信服务行业，但其分析相对此前的研究已经清晰地勾勒出了网络外部性市场的基本理论框架，后续的研究也几乎都是在此大框架下进行深入研究和理论扩展的。

继 Rohlfs 后，至 20 世纪 80 年代中期，也有一些经济学家做了这方面的研究，如 1975 年，Brock Gerald W.以计算机产业为例，初步研究了技术标准问题，其研究中已经揭示了计算机产业所具有的网络外部性特征。Oren Shmuel 和 Smith Stephen 在 1981 年对电信产业的临界规模问题进行了实证分析，提出临界规模对电信产业发展具有重要的作用。Allen Beth（1982）通过消费者对技术标准的选择问题提出消费者外部性的概念。Dalton 等分析了技术标准问题对产业创新的影响。Berg Sanford（1988）具体研究了电信行业的标准问题，同年，Toth 等对标准化经济学做了专门的研究。

这些研究虽然提出了技术标准问题，并将此研究引入电信、计算机等具有网络外部性的产业和领域进行分析和探讨，研究方法也从简单的经验性分析到开始注重经济学方法，但大多还是采用 Rohlfs 的研究模式，是对其研究的完善和规范，而且也尚未明确提出网络外部性的具体概念。

2.1.2　20 世纪 80 年代中期之后的发展期研究

20 世纪 80 年代，随着信息时代的到来，人们的生活和工作方式都发生了重大改变，整个经济的运行规律和发展模式与传统经济相比也出现了一些新的特征和现象。网络经济逐渐兴起，网络经济中的新的产业形式也蓬勃发展，如计算机、通信以及互联网等。这些产业与传统经济下的产业形式相比，最大的不同就是网络外部性的存在，因此，在网络经济的社会背景下，越来越多的经济学家开始关注网络经济中的网络外部性问题，当他们越来越深刻地意识到网络外部性的重要性时，他们就被吸引到网络外部性的深入研究中去，从而也带来了这一时期研究的繁荣。这一阶段的研究不仅重视理论角度的研究，更注重实证角度的研究，这些研究使网络外部性理论的发展更加系统和完善，使之逐渐成为一门独立的学科。

这一时期对网络外部性的研究主要分为两个方面：宏观方面的研究和微观方面的研究。前者主要体现为通过研究网络外部性对消费者效用的影响来反映网络外部性所产生的消费者效用和购买意愿的改变，具体方法是通过构造一个含有网络外部性因素的消费者效用函数，通过消费者对效用最大化的追求来考察网络外部性对消费者选择的影响。微观方面的研究主要体现为计量实证的分析方法，通过计量的分析方法对代表网络外部性的变量进行分析来考察网络外部性的影响。以下从宏观和微观这两个方面分别作综述：

2.1.2.1　宏观研究方面

由于研究方法、模型建立的侧重点不同，又可以分为两个方面：一是专门研究网络外部性问题的文献；二是研究网络外部性对其他方面如技术创新、市场竞争等的影响的文献。

（1）网络外部性的专门研究是网络外部性研究的中心和主要内容，研究的核心是网络外部性的表现是随着具有网络外部性特征的产品的消费规模的扩大，产品的综合价值也会相应地提升，这种情况下，即使产品价格提升，消费者也愿意选择购买。也就是说网络外部性的存在使消费者效用函数发生了改变，从而导致了消费者对产品价值判断的改变。如梅特卡夫法则所提出的，网络的价值与网络中用户的数量的平方成正比关系。在该类研究中，由于消费者对产品已经具有的消费规模比较看重，所以产品已有的消费规模也是消费者在决定是否加入产品购买人群时所要考虑的重要影响因素，因此消费者在做选择时会对产品的网络规模、规模是否会扩大、其他消费者的消费决策等进行预期，所以，消费者预期在网络外部性的研究中就显得尤为重要。根据现实情况的不确定性和消费者心理的不同，研究中关于消费者预期的方法处理大致分为可实现的预期法、可置信的承诺法以及短视分析法[1]。可实现的预期法主要是假设市场是完全信息，消费者完全理性，因此消费者预期与均衡状态下产品的实际用户规模是一致的，如 Katz 和 Shapiro（1985，1986，1992）、Economides（1992，1996）等都采用了这种分析方法。可置信的承诺法是指厂商在将产品推出市场之前会进行产品预告，向潜在的消费者传达产品将会被市场接受而能够实现一定的网络规模，从而影响消费者对该商品未来规模的预期，如 Palma（1995）、Manceau 和 Nagard（2000）使用仿真的方法模拟了厂商通过产品预告的方式来影响消费者对产品用户规模的预期。Gandal（1999）也分析了 IBM 与 Apple 竞争时，前者采用产品预告策略在一定程度上抑制了消费者对 IBM 产品的购买。短视分析法主要是在信息不对称和市场中含有不确定因素的条件下认为消费者无法准确判断产品的用户规模，因此，当前的消费决策不会影响未来的消费选择，厂商的预告策略几乎不起作用。

对于网络外部性的专门研究，根据研究内容又可以分为直接网

---

① 吴昊. 网络外部性市场后入者竞争策略研究——以世界移动通信产业为例 [D]. 复旦大学博士学位论文，2006.

络外部性的研究和间接网络外部性的研究。Katz 和 Shapiro（1985）首次提出了网络外部性的概念，并在此基础上将网络外部性分为直接网络外部性和间接网络外部性，这种划分得到了研究者们的普遍认可，直到当今，学者们对直接网络外部性和间接网络外部性的研究也是以此为依据的。

1）直接网络外部性即使消费者从产品本身所得到的好处，包括由于消费者规模的扩大而带来的产品利用价值的提高。这是由于购买相同产品的消费者人数对产品价值的直接影响产生的。考虑直接网络外部性时一般的做法是将网络外部性因素体现于消费者的效用函数中，Katz 和 Shapiro（1986）的研究中考虑直接网络外部性对市场均衡和企业兼容决策产生的影响，将消费者的总效用获得分为两个部分：一是从产品本身所获得的效用；二是从网络外部性中所获得的效用。在消费者理性预期、企业成本函数给定的情况下就可能存在多重均衡。这是由于当消费者预期某家企业将会主导市场时，消费者会愿意提高支付，该企业的产品最终会占据优势地位。另外，企业为吸引消费者加入其用户网络，还需要选择兼容性策略，即便兼容的策略能够实现社会最优规模，但同时也会削弱企业的网络外部性优势，如果将市场中的所有企业作为整体来考虑，企业激励是小于社会激励的，完全竞争无效。

Katz 和 Shapiro（1986）将他们的研究进行了扩展，考虑了消费者偏好由于受竞争策略和技术所有权的影响而产生的对市场结构的作用。网络外部性的存在使得消费者在进行购买决策时会受销售历史和未来销售预期的影响，企业为吸引消费者加入，会通过技术进行竞争，如果市场上存在多个无所有权的技术，会导致非标准化现象的发生，当只有一种技术拥有技术所有权时，它才很有可能会占据市场主导地位，当有多个所有权时，较高级的技术将会在未来占据主导地位。

2）随着直接网络外部性的研究日趋完善，间接网络外部行的研究越来越得到经济学家的关注。1986 年，Joseph Farrell 和 Garth Saloner 发表文章 "Installed Base and Compatibility：Innovation，Product Preannouncements，and Predation"，提出间接网络外部性具有市场中介效应。Economides 和 White（1994）将间接网络外部性市场称为单向网络市场，认为间接的网络外部性主要来源于硬件和软件市场的共同作用。虽然对间接网络外部性的研究大多表现为对信息技术产业的研究，但一些耐用品产业也具有网络外部性的特征，如Katz 和 Shapiro（1986）在研究中提出消费者在对是否购买耐用品做决策时会考虑该耐用品的售后服务是否到位，这种辅助产品或服务的质量会影响消费者决策的现象就是间接的网络外部性。David（1985）等人曾研究过打字机键盘的配置对消费者购买决策的影响。因此，间接网络外部性的研究同样具有十分重要的现实意义，间接网络外部性研究的主要代表人物有 Chou C.、Shy O.（1990）等，他们在研究的过程中都考虑到了间接网络外部性对消费者选择的影响，将网络外部性的影响分为两个部分，从硬件和软件两个方面考虑消费者对不同硬件产品的不同偏好。消费者会根据与硬件产品相配套的软件产品的种类和样式来选择自己偏好的硬件产品。

（2）在网络外部性研究的宏观方面还有一个内容就是网络外部性对其他方面如创新、企业竞争等方面的影响的分析，这其中包括产品差异化研究、产品兼容性研究、企业技术创新、企业竞争策略、网络产品定价研究等方面。这些研究主要是由于网络外部性的出现对市场竞争、企业行为、市场绩效、技术采纳、技术创新、创新扩散、产品定价等理论产生了重要影响，传统的经济理论已经不能清楚解释这些方面所出现的新特征和新问题，因此，必须放在网络外部性的分析框架中才有解决的可能性。

例如，在网络企业的技术创新方面的研究有 Bijl P. W. J. 和 Goyal S.（1995），他们通过引入一个双寡头模型，说明了企业在产品创新时需要考虑是否与成功拥有技术标准的企业兼容的问题，也指出了网络外部性市场中创新存在"超额惯量"和"超额冲量"的可能性。Joseph Farrell 和 Garth Saloner（1986）在研究中认为网络外部性对创新有阻碍作用，安装基础因素的存在和转换新技术所承担的与旧技术不兼容的代价会导致新技术不被市场接纳，从而使得创新受阻。Shy（1996）研究了网络外部性条件下的技术进步问题，提出由于网络外部性的存在导致消费者效用函数的改变，消费者为追求效用最大化在做购买决策时有可能选择拒绝新产品，这样会带来新技术采纳的延迟，从而影响了技术进步的进程。我国学者对网络外部性创新方面的研究主要体现为对 R&D 活动的探讨，且大致是以国外已有的研究为参考，在研究中加入我国网络产业发展自身的特殊性和具体性进行分析。

差异化的研究。Katz 和 Shapiro（1986）分析了网络外部性作用下的同质企业之间的竞争问题，通过建立一个两阶段博弈模型，在模型中假设旧产品在第一阶段生产比较廉价、新产品在第二阶段生产比较廉价，结论显示在消费者理性预期的情况下，市场将会倾向于第二阶段的技术。Economides 和 Flyer 研究了企业如何将网络规模作为产品纵向维度差异的问题。我国学者张地生、陈宏民（2000）分析了网络效应起作用的产业中如何选择产品的横向差异。

兼容性的研究。Katz 和 Shapiro（1986）考察了市场结构与企业兼容性选择的关系。当企业在市场上占据主导地位时所做的兼容性策略是不确定的，当企业在市场竞争处于劣势或者追随地位，企业一般倾向于选择与市场兼容的竞争策略。Matutes 和 Regibeau（1988）通过研究认为在双寡头的市场中，企业实行兼容性的竞争策略对提高产品价格和社会福利均有好处。

2.1.2.2　微观方面

对网络外部性微观方面的研究主要体现为运用一些数学方式和数量工具，采取不同的研究方法对某些特定市场和特定产业以及具体类型的企业进行网络外部性的相关实证分析，研究的主要目的是考量网络外部性的存在性以及存在强度。这类研究主要是通过三种类型的模型进行的。

（1）享乐主义模型。

该模型是通过对产品的特征进行估计，进而考察产品的不同特征如何影响消费者的分析方法，将网络外部性作为产品的一个特征考虑在内，考察网络外部性特征以及其他特征对产品价格的影响。Chow（1967）运用享乐主义模型对 1960~1965 年主要计算机市场机制进行分析，估计了信息技术产业的质量调整价格指数 21% 的下降率。Gandal（1994，1995）通过该享乐主义模型研究了美国电子表格软件市场中的网络外部性问题。Brynjolfsson 在 Gandal 研究的基础上，采用 1987~1992 年的数据对美国软件市场的网络外部性问题进行了进一步分析，结论显示，用户规模作为网络外部性的一个重要特征，和产品的价格有明显的正相关关系。另外，由于网络外部性的作用，采用与现有标准（Lotus）相兼容的软件的价格高于市场的平均价格。

（2）离散选择的随机效用函数。

该模型的建立是根据消费者对产品不同方面特征的偏好程度，赋予各个特征在消费者效用函数中的权数，同时考虑产品所采用的技术标准的用户规模。Ohashi（2001）使用该模型，采用 1978~1986 年相关数据，对美国 VCR 市场所存在的网络问题做了实证分析，探讨了网络外部性在标准竞争中的重要性。结论显示，网络外部性程度随着产业的发展而不断增强，对消费者购买决策的影响也逐年增大。Augereau（2003）用该模型考察了 ISP 市场中的 56K 调制解调器的标准决策中的网络外部性问题，通过研究发现，网络外部性存在于 ISP 市场中，并且是影响标准采纳决策的关键因素。

（3）柯布—道格拉斯效用函数。

该类研究主要是使用柯布—道格拉斯形式的消费者效用函数，考虑网络外部性记忆消费者预期对消费者选择的影响。Shankar 和

Bayus（2002）通过对 1993~1995 年间的美国游戏市场进行分析发现，网络外部性对吸引消费者选择购买产品有关键的影响作用。Ecnomides 和 Himmelberg（1995）利用 1979~1992 年美国传真机市场的相关数据分析发现网络外部性显著存在。

2.1.3　我国学者的相关研究

我国学者对网络外部性问题的研究在 21 世纪掀起了热潮，主要体现在以下几个方面。

研发与技术创新方面的研究。何炬（2001）对网络外部性市场中的企业研发行为进行了动态分析，试探性地研究了网络外部性条件下研发的社会最优化策略。翁轶丛、陈宏民等（2002）研究了网络外部性市场中企业的研发和兼并行为，发现在位企业与拥有新技术的新进入企业在研发方面竞争失利后，倾向于兼并新进入企业，这对企业之间的研发竞争会有一定的影响，并且，这种情况下新进入企业更有可能在研发活动中获得优势地位。幸昆仑、文守逊等（2008）研究了网络外部性和溢出条件下的企业研发行为，结果表明创新企业的创新效率是影响其进行兼容策略选择的关键，非创新企业总是选择兼容的策略，研发投入的强度受网络外部性强度、兼容程度和溢出效应的影响。强健、梅强（2010）研究了网络外部性条件下的新技术采用问题以及新技术的发展问题，认为新技术的采用和发展具有不同的规律，这和新技术的使用人数有关。

市场结构方面。王安宁、赵明等（2002）分析了网络产业中"赢者通吃"现象产生的原因，认为这是由于网络产业中存在网络外部性和转移成本导致的。史晋川、刘晓东（2005）通过研究认为规模经济和网络外部性的存在使得 PC 市场的市场结构有垄断竞争和双寡两种形式。张丽芳、张清辨（2006）通过对网络外部性市场中市场结构变迁问题的研究，认为网络外部性市场中的市场结构存在垄断趋势不断增强、竞争日益激烈的特征。李克克、陈宏民

（2006）对网络外部性市场中规模经济下的市场集中模式以及市场份额的动态变化进行了研究。

网络产品定价的研究。黄品奇、李玉红（2003）探讨了网络型公用事业和信息产业两种网络产业的定价模式问题。曾祖梅（2005）通过研究发现对网络产品的定价应该根据网络产品在整个生命周期所处的阶段来决定。潘小军、陈宏民等（2006）构建了一个两阶段的博弈模型，研究发现，网络外部性市场中的厂商在不同的博弈阶段会采取不同的定价策略。殷醒民、刘修岩等（2006）通过一个两阶段的完全信息动态博弈分析得出网络外部性产品的生产和销售企业会采取低价获取市场后再提高价格的策略。刘晓峰、黄沛等（2007）加入消费者预期因素，研究了双寡头的网络外部性市场中两个竞争厂商如何制定自己的价格策略，结果表明企业的网络规模会随着消费者的网络规模预期的增大而扩大，产品的初始价格会随之降低。

标准和兼容的问题。葛亚力（2003）论述了技术标准对企业获得成功的重要性，认为企业应该通过构建一套合理的技术标准战略，在先期获得广泛应用，然后再以市场手段获得法定行业标准，最后才能成功构建竞争壁垒，保持持续的竞争优势。翁轶丛、陈宏民等（2004）研究了网络外部性市场中决定主导厂商在面临追随厂商实行技术联盟的联合反击策略时，网络外部性的强度以及主导厂商的网络规模决定了主导厂商的技术策略选择。李保国（2006）研究了技术标准生命周期及其过程中技术创新、知识产权和标准竞争策略问题。毛丰付（2007）分析了不同主导形式下标准竞争的均衡决策问题。

联盟和兼容方面。宋华（2001）探讨了网络企业战略联盟在网络经济时代的竞争优势和竞争力问题。帅旭、陈宏民（2003）分析了新进入企业进入市场的兼容性选择问题，认为新进入企业是否选择与已有技术兼容，选择多大程度的兼容要视转移成本的大小而定，有可能存在过度兼容和兼容度不足两种情况。王国才、朱道立（2004）通过引入一个动态的两阶段博弈双寡头模型，分析说明了由于网络外部性的存在所导致的转移成本以及对消费者的锁定、网络外部性以及兼容性对企业竞争策略的影响。徐迪、翁君奕（2004）研究了网络外部性市场中的企业创新以及产品的兼容性选择，认为创新企业应该采取双向兼容的策略以获得更高的收益。吉宏伟、孙武军等（2007）探讨了在位企业面临潜在进入企业的进入威胁时的兼容性策略选择受网络外部性强度大小和潜在进入企业进入成本大小的影响。

政策方面的研究。张铭洪（2001）认为政府的管制政策是政府对网络经济时代的企业竞争行为进行合理干预的重要手段，政府应该正确理解和清楚把握网络外部性市场中的竞争行为和垄断模式，制定出正确的管制政策以保护市场运行的效率性。黄纯纯（2006）通过分析肯定了政府作用在标准竞争中的关键性和不可缺少性，对标准的推广和顺利应用起着主导作用。邓俊荣、王林雪（2006）通过研究分析，提出在网络经济发展的现阶段，政府的作用和产业组织政策的重点不是反对垄断，而是促进市场集中、提高集中度。张小强（2006）对网络经济的反垄断法规制的一般理论进行了研究，认为反垄断法在网络经济中要以实现经济效率为核心才能发挥作用。

效率方面的研究。帅旭、陈宏民等（2003）认为兼容的市场结构对社会福利的整体提高有促进作用。潘海波、金雪军（2003）认为网络经济中的技术标准能够对创新有促进作用，但也有阻碍作用。邓俊荣（2005）探讨了网络经济中的有效市场结构，认为寡头垄断的市场结构能够促进创新，有利于资源配置效率的提高。周绍东、朱乾龙（2006）认为网络经济条件下企业所获得的暂时性的垄断地位对技术创新的进化、演进有推动作用，网络经济环境中的创新、竞争和垄断三者之间的互动机制维持了市场的动态效率。杜传忠（2006）认为网络型寡占的市场结构形式应该是实现我国企业自主创新的最有效的市场结构形式。

其他方面的研究。以上国内学者的研究是近几年国内关于网络外部性、网络经济方面有代表性的分析和探讨，除了以上几方面的研究，其他方面的研究也有涉及，如产品差异化竞争研究、知识产权保护研究、专利制度的研究等，考虑到它们与本书研究的相关性程度不大，暂不对这些方面做仔细地综述，只对于本书研究相关的方面做文献梳理和总结，以对已有研究进行总体认识和把握。

2.2 网络企业的相关理论综述

网络企业的出现是网络经济与传统经济相互融合和交互渗透的产物，它依存于传统产业，但同时体现着网络产业的特征，是对传统产业组织理论的继承，并在此基础上对其进行了扩展和延伸。并且网络企业所处的网络经济环境是对传统组织和企业进行重新审视和变革后所形成的一种新的经济形态，是一种更高级的组织形态。随着网络经济的发展，无论是那些在网络经济环境中进行自身重塑的传统产业还是顺应网络经济发展趋势应运而生的新兴企业，其生产系统、组织模式、营销策略等都发生了变化，这是由于网络经济条件下企业的竞争环境、制造和生产方式、交易方式以及生产要素结构都发生了改变，这使传统的市场游戏规则在新的经济形势下也不得不逐渐调整以适应新的发展趋势，这些调整也对传统的产业组织理论中关于市场结构、市场行为、市场绩效以及政府职能等已有理论提出了挑战。因此，传统产业组织理论只有不断丰富和扩展其理论体系、吸收新知识，才能对不断发展的经济形势和不断更新的企业运行模式做出科学合理的理论解释和政策导向。

2.2.1　网络经济的发展和网络企业的产生

计算机技术和通信技术的高速发展以及两者的相互结合和渗透、互联网的广泛应用和信息高速公路在全球范围内的建设使得网络经济的形成和发展成为必然趋势。这样的发展是一个以多种技术的逐渐成熟和完善为基础的循序渐进的过程，同时，计算机业的发展也带动了高科技产业的腾飞。一方面，一些相关的产业在高科技产业的依托下逐次兴起并借助网络效应实现了超常规发展；另一方面，一些传统产业受到了网络经济的冲击，传统的企业运营模式和管理理念显得格格不入。为了谋求高效发展的前景，企业开始将无线通信、远距离传输以及宽带视频等高科技手段应用到企业的信息处理、产品设计、决策管理、业务联系以及用户反馈等环节，因此，技术的进步使得企业进行了一场市场化的改革，改革后的网络企业和超常规发展起来的新兴网络企业与传统企业虽无本质的区别，但其企业特征、企业形式、企业组织结构等方面已然显现出了新的特点。

2.2.1.1　网络经济的兴起

网络经济的迅速发展以及其所表现出的蓬勃生命力和无限发展力使得其受到越来越多的关注，并引发了学者们对它的多方争论和深入探讨，虽然在一些理论基础上达成了共识，但关于网络经济学的基本框架和学科体系还尚未形成统一的理论体系，还有待于在未来进行更深入和更广泛的研究。

（1）网络经济的概念。

网络经济的概念虽然由来已久，但学者们对"网络"以及"网络经济"却有着不同的理解。有些专家认为网络经济是由于互联网的出现使得生产者和消费者可以通过网络进行更为直接的联系，从而引发的一系列以信息产业和服务业为主导的经济活动。也有一部分专家认为，网络经济是由于计算机技术的发展以及互联网在经济领域的普遍应用所带来的信息成本下降导致的信息成了经济发展中的核心和主导地位的全球化经济形态。另外一些专家和学者认为网络经济是在网络技术快速发展的基础上形成和发展起来的，并以多媒体信息为主要特征所形成的一种新的经济形态，这种新的经济形态对传统的产业结构、经济运行规律和运行方式以及社会生活都产生了重要影响。

综合现有的对网络经济概念的阐述，本书认为网络经济是指以通信和计算机网络所形成的信息网络为基础，通过网络所进行的一切经济活动的总和①。

（2）网络经济的形成。

网络经济的形成是以多种技术的不断发展和日趋成熟为基础的，是一个循序渐进的发展过程，是以信息高速公路为物质基础，以通信技术和互联网技术为技术基础，以企业信息化为根基，迅速发展起来的经济形态，其形成背景具体表现在：

1）计算机技术的发展。

计算机技术的发展从体积庞大、价格昂贵、只为少数计算专家进行科学计算所用的第一代电子管计算机到体积明显减小、还可用于事务管理的第二代晶体管计算机，再到拥有软件系统、可以应用到各个领域的第三代集成电路计算机，最后到如今软件技术更趋完善、微型机实用化、普遍化、网络化的第四代大规模集成电路计算机。更新换代的过程中，计算机的发展技术不断成熟，计算速度从最初的每秒几千次甚至几万次发展到如今的每秒几千万次到几百亿次；软件技术也日渐完善，从最初只用于一些特定计算发展到可以用于简单的事务管理再到如今广泛应用于企业生产、管理和营销以及政府职能行使甚至人们日常的消费、学习、工作和娱乐等方方面面，不仅其性能得到提高，而且价格也迅速下降，体积也由第一代

---

① 这里的网络既指现实中具体的、有形的物理网络，也包括虚拟形态的网络。

的 30 吨重的大机器减小到如今的微型机，其应用更加方便和广泛，深刻影响了人们的工作和生活方式。

2）电信技术的进步和电信网络的发展。

电信技术是指利用无线电和有线电以及光学和其他电磁系统来传输、发射和接收一些符号、信号、文字、影像和声音以及其他性质的信息的技术形式，这些信息的处理通过一些能够实现这些任务的硬件和软件来完成。硬件是指传输、发射和接收信息所使用的终端设备、传输设备以及交换设备，软件是指建立在硬件基础之上的一些指令和协议等，这些硬件和软件综合在一起作为一个总的系统即构成了电信网络。

通信网络最初的形式是利用卫星建立的全球通信系统，从 1968 年 12 月第一个国际卫星通信组织成立到 20 世纪 90 年代初，全球已经建立了包括国外、国内和区域性卫星通信系统在内的 30 多个卫星通信网络，通信业务覆盖至固话、移动电话、电视广播和星际通信等领域。20 世纪 70 年代，公用无线电在美国等国家相继出现，移动通信网络继而迅速建立起来，并向着大型、数字和综合的趋势发展，到 20 世纪 90 年代，移动通信已经成为全球广泛使用的有效通信方式。通信技术发展到 20 世纪 80 年代，光纤通信技术取得成功和重大突破，这为使用光纤技术建立长距离通信系统提供了可能，20 世纪 90 年代，全球的光纤通信网络材料以单纤折算，能达到数百万公里，光纤作为一种传输媒介将电脑与人们的生活、工作、娱乐和通信技术连接起来，实现了多媒体声像一体化。

3）互联网技术的发展。

互联网是利用通信设备将全世界各地各个独立存在的计算机连接起来，通过网络的操作系统和通信协议等软件设备来实现网络中资源的共享和信息交流的数据通信网络。最早的互联网是 APPAnet（阿帕网），它是美国国防部建立的全国性的信息网络，之后，专家们以阿帕网为技术基础，通过互联网协议和传输控制协议将全世界的各个不同的网络连接起来，逐渐实现了世界范围的互联。近些年来，各个国家都开始启动规模更大，信息传输更快捷、更安全、更便利和更便于管理的新一代互联网的研究课题，与第一代互联网相比，新一代互联网将会更有自主性和灵活性。此外，随着互联网技术发展的高精尖化，科学家们模仿互联网技术，首次实现了外太空的网络通信，星际互联网对有力执行和顺利完成多项太空任务提供了可靠的技术保障，也为航天员提供了可靠的网络通信服务。

（3）网络经济的发展。

正是由于计算机技术、通信技术和互联网技术的进步推动了网络经济的迅猛发展和快速繁荣，总体来说，网络经济的发展经历了萌芽、初步发展和快速成长三个阶段。

1）萌芽阶段（1992~1995年）。

互联网的应用最早体现在学术研究领域，用于学术资源的交流和分享，以及一些专业性质的复杂计算对商业领域的影响极微，政府和企业家还尚未真正感知和发觉互联网所具有的巨大商业推动力和超强的生命活力。直到1991年，美国的分别经营着自己网络的3家公司开始为其客户提供一定程度的互联网服务并允许用户将互联网用作商业用途，企业家和用户才发现它在通信、资源获取以及用户服务等方面有着巨大的优势，互联网开始走向商业用途，网络经济也进入了萌芽阶段。1995年，美国的科学基金会将互联网的经营权转交给3家最大的私营电信公司，这使得互联网转为市场化经营，从而加快了互联网的商业化进程。许多企业开始通过互联网进行营销和客户服务活动，并通过互联网的电子邮件、IP电话、VPN以及网络传真等功能进行通信，从而大大降低了运营成本，并获得了更多的全球范围内的客户。互联网在商业中的运用逐渐普遍起来。

2）初步发展阶段（1996~2000年）。

这一阶段的互联网开始进入了大众化、普遍化和产业化进程阶段。随着网络互连互通的实现，一些提供与网络相关的服务的企业形式逐渐出现，大批的新兴企业通过借助网络的平台开始成立并渐渐发展壮大。互联网开启了全新的商业模式，使经济发生了巨大的变化，随后，这种变化也延伸到政治、文化等各个领域，呈现出无论是乡村还是城市、国内还是国际都能通过网络与其他地方取得联系，进行资源的共享、互换和信息的交流的景象，整个世界成了一个"你中有我，我中有你"的网络世界。信息革命使人们的生活方式彻底发生了变化，网络公司的出现使得消费者可以足不出户，通过网络就能购买商品并与商家交流，网络公司更是将网络用于生产、营销等环节，企业间的合作也显得更为方便、快捷和高效，网络改变了经济的运行方式和模式。作为一种新的经济形态，网络经济开始发展起来并呈现出旺盛的生命力。

3）快速成长阶段（2001 年至今）。

自 2001 年开始，无论是企业、消费者还是政府管理者，都在利用网络进行信息处理。无论是在网络经济中经过变革后的传统产业还是应网络经济的发展而生的新兴企业，都在通过网络进行自身的信息管理。对企业自身来说，传统的层层传达的方式存在信息遗漏、信息偏失、信息不对称以及信息滞后等弊端，网络的存在使得企业的层级更加扁平化，企业进行内部管理时，信息的传达和反馈直接通过网络发送和接收，信息的传送更加完整、及时、快捷、安全和有效，企业管理的信息化提高了企业的生产、销售效率。对企业与其他企业之间的关系来说，网络的存在使得企业与企业之间同处于网络之中，企业之间的联系更加方便和快捷。随着网络规模的扩大，企业之间合作的可能性也大大提高，企业之间的联系更加密切，分工愈加专业化，提高了整个产业的经济效率。但是由于网络的存在使得消费者可以通过网络搜索获取较多的产品信息，导致产品信息更加透明化和可比化，因此，企业之间的竞争也更加激烈。一方面，企业为了获取更多的用户，不得不在降低成本以降低价格、增加网络基础设施等方面做出努力；另一方面，无线局域网的兴起使网络使用者可以自由地在任何地方、任何时间享受网络的强大影响力。计算机技术、通信技术以及电子技术的进步使得一些产品的分界线正在淡化，上网不再仅仅限于计算机，手机和其他电子产品也成了上网的工具，网络的使用更加普遍化。这种随时、随地、随心所欲上网的方式极大地冲击了传统经济的运行方式，网络经济也随着网络的普及化、普遍化、便利化和实用化而快速繁荣起来。

2.2.1.2 网络企业的产生

当计算机技术、通信技术和互联网技术发展起来时，网络经济随之形成和迅速发展，正是在信息化的背景下，一些有实力的传统企业在一瞬间受到了巨大的冲击，同时也失去了其在传统产业中的优势地位，但一些新兴的小企业却一夜之间成了商业中的"巨人"。网络经济时代带来的这种颠覆改变了市场的游戏规则，也改变了传统的市场竞争规则，一些传统产业能够快速顺应科学技术发展的潮流，依托互联网对自身进行重新审视和变革，并逐渐将企业转向信息化发展，提出了适合企业在网络经济时代发展的新的运作方式和组织形态，这些企业是传统企业进行自我重塑后的新型企业。另外还有一些是顺应网络经济而生的，利用网络的功能和便利提供各种网络服务的新兴企业，这些企业虽然迅速成立并迅速发展，但由于其顺应经济时代的发展，符合网络经济的运行规律和运行方式，反而比传统产业更有市场前景。这两种企业都产生于网络经济的大背景下，都是以计算机技术、通信技术和互联网技术为依托发展起来的，与传统的企业不同，称为网络企业。网络企业的产生背景具体表现为：

第一，网络改变了企业的管理。管理思想上出现了"企业流程再造"、"虚拟企业"、"学习型企业"等思想；管理的组织结构由金字塔式向扁平式发展；管理功能上促进了业务的合理分类和归并，网上培训、网上招投标等网上管理工具大大提高了管理效率。

第二，网络不仅使得消费者的选择更加多样化，而且也增加了生产者开拓新的销售市场的可能性，同时也为生产者和商家与消费者之间进行更加密切的联系提供了信息交流的场所。消费者选择产品时更能满足自己的需要，而商家也能够及时地得到市场反馈，以快速做出应有的反应。

第三，网络的存在提高了企业提供新产品和新服务的能力。网络使信息的交流更及时、方便和准确，厂商能够根据消费者反馈，及时对产品和服务进行调整和创新，以满足消费者的偏好，这在一定程度上增加了企业创新的动力。

第四，网络改变了企业的竞争环境。网络经济条件下企业为了扩大自身的用户规模，需要采取各种手段来吸引更多的用户，企业与企业之间在同一个网络世界中为争夺更多的用户，将展开激烈的竞争，这改变了传统企业中垄断企业长期占据优势地位的局面。

第五，网络弱化了行业的进入壁垒。网络的存在使得潜在进入企业较容易获得市场中的相关信息，并能通过网络在短时期内接触到市场上的消费者。网络实现了全球化，这又使得企业面向的消费者群体可以是全世界范围内的人们，这使得企业进入市场的成本降低，进入市场的可能性提高。

正是由于网络经济带来了企业的以上变革，改变了企业的贸易方式，改善了企业的物流、资金流和信息流的环境和系统，使得网络经济时代的企业与传统经济条件下的企业呈现出不同的形式。这些企业充分利用了互联网世界，借助了网络技术的优势，更能顺应时代的发展，这些网络企业正是因此而产生的。

2.2.1.3　网络经济对传统经济理论的冲击

网络经济与传统经济并不是对立的，而是相互依存和相容的。网络经济的发展是以传统经济的高度发达为基础的，传统经济则能更好地在网络经济发展的条件下重新审视自身并进行自我改造，以适应新的经济运行规律和运行模式，两者之间并没有不可逾越的鸿沟，而是相互交融、相互渗透的关系。

（1）传统经济是网络经济得以形成和发展的物质前提和基础。

网络经济不是脱离了任何经济基础而凭空出现的，一方面，正是以传统经济的繁荣发展为物质基础和技术保障才推动了技术的进一步发展和网络的发展，进而引发了网络经济时代的来临。另一方面，传统经济的高速发展也使得消费者的消费能力和需求层次不断提高，传统经济条件下的供给方式和手段似乎没有随着这种提高而改变，因此，需求与供给出现了不协调的现象，此时网络经济化的市场供给的多样化、高层次化、透明化、快捷化、灵活化恰恰适应了这种传统经济条件下无法达到的要求。但是网络经济所依存的网络载体是由许多的电脑相互连接起来的一个大的有机整体，网络资源的获得和信息的传送、接收也是通过计算机的硬件和软件设备实现的，这些连接网络的电脑和连接电脑的网络以及硬件和软件设备必须是在传统经济发展的基础上才实现的，没有传统经济的物质基础和技术基础，就不能够为网络经济的实现提供这些基础设备所需的产品和技术支持。网络经济之所以在美国能够实现超前快速的发展，正是由于其具有雄厚的传统经济基础以及高度成熟的市场运行环境。因此，不能忽视传统经济对网络经济发展所做的贡献和积累，即便是在如今网络经济迅猛发展的阶段，也不能脱离传统经济的支撑，否则网络经济将会失去其赖以生存和发展的基础。

（2）网络经济是传统经济革命式、跳跃式的延伸。

网络经济的发展推动了传统经济革命式的变革。虽然传统经济在整个国民经济体中的基础地位仍然没有变化，但网络时代的信息化传播方式已经对传统的旧有方式带来了巨大的冲击，传统经济不得不进行信息化改造来适应这种新方式以求得在新的经济条件下的重生，这种改造是革命式的，也是跳跃式的。

网络技术的出现使得传统的技术手段迅速丧失其优势地位，电子邮件替代了传统邮件成为垄断地位的占据者，人们甚至质疑传统邮件是否还有存在的必要。美国媒体大亨"时代华纳"在后起之秀"美国在线"面前丧失了权威，传统媒体的新闻提供方式受到了门户网站的网上新闻的挑战，百年老店风采不再依旧。网上购物的消费方式在一定程度替代了到实体商店购买的方式，并且由于新方式的便捷性和低成本性，这种网络对实体的替代正如火如荼地进行着，并且替代范围和替代程度正迅速蔓延。由于这些改变的速度之快，传统经济对这些突如其来的新方式和新手段似乎显得招架不住，它们在感受到网络经济带来的巨大冲击之后，不得不提起万分精神重整旗鼓，进行自身的重塑，以尽快适应到网络经济的大潮流中去。由网络经济所引发的传统经济的这种重塑不是一点一滴的，是广范围的和深程度的，因此是跳跃式的、革命式的改变，是在自身已有条件的基础上进行的扩展和延伸。

由此可知，网络经济与传统经济是相互联系、相互渗透的，前者以后者为依托，后者以前者为指引。两者的交互发展使得传统产业发生了改变，也促使了一些新兴产业的出现和发展，无论是那些发生改变的传统产业，还是网络色彩鲜明的新兴企业，两者都与纯粹的传统产业有所不同，在这种时代背景下，网络企业也就得以产生和发展了。

2.2.2 网络企业与产业组织理论的演进

产业组织的演进是企业自身、企业与企业之间关系发生变化的过程。网络经济条件下的企业与传统企业相比，发生了很大的变化，无论是企业自身还是企业与企业之间的关系都受着网络的影响，体现着网络的特征，也顺应着网络时代经济的运行规律和运行模式。随着网络企业的发展和新的经济运行环境的出现，整体产业的发展也经历着巨大的变革，这对推进产业组织理论的演进有着重大影响。具体表现为以下几方面：

2.2.2.1 网络经济下的市场结构

无论是在任何经济形态下，市场结构问题都是产业组织理论研究的最根本问题。市场结构通常研究的是市场上买者之间、卖者之间、买者与卖者之间的关系，决定这些关系的因素主要包括企业规模大小、产品差异化程度、进入和退出壁垒以及市场集中度等方面。在传统的经济条件下，根据这些因素一般将市场结构划分为完全竞争、完全垄断、垄断竞争和寡头垄断四种类型。但网络时代中的经济运行规律和特征发生了改变，各种生产要素的需求和重要性也与以往不同，市场结构相对于传统而言也发生了改变。以上四种类型没有一种是可以完全涵盖网络经济下的市场结构特征的，这是因为网络经济条件的市场中，垄断和寡头垄断的现象随处可见，但市场中激烈竞争的局面却没有改变，反而时时发生，垄断和竞争的关系由传统的相互对立和排斥发展成了相容、共生和相互强化关系。而且，由于网络经济条件的垄断、竞争与传统的垄断、竞争形式相比有着不同的形成机理和特征，因此其实质也有着很大的区别。

（1）网络经济下的垄断形成机理。

1）供给方和需求方双重规模经济。

网络经济环境中，知识作为一种无形资源成为重要的生产要素。这种无形生产要素的初始研发成本较高，但却可以无限复制、共享和重复使用，也即一旦研发成功便可低成本复制。随着使用次数的增加，其平均成本和边际成本是递减的，如果忽略其他企业成本[①]，这种成本递减的特征可以使企业的规模无限扩大直至达到垄断程度，并且随着企业自身规模的不断扩大，企业前期投入的巨大固定成本会逐渐被摊薄，企业具有了成本优势，垄断地位就越牢固，这就是供给方的规模经济效应。

[①] 网络经济下的企业普遍采用信息化管理模式，其市场交易成本和内部管理成本大大降低，与传统经济条件相比，即便不忽略这些成本，企业的总成本随着规模的扩大仍然是逐渐降低的。

传统经济条件下，规模经济只和供给方有关。网络经济条件下，由于其网络外部性作用的存在，产品的用户数量会随着使用该种产品用户数量的增加而增加。这种正反馈效用使得企业跨越临界规模以后将会拥有越来越大的市场份额，直到占据市场的垄断地位，没有实现临界规模水平的企业则会被淘汰。

供给方和需求方双重规模经济使得网络经济具有极强的正反馈效应，这会使得市场上出现"强者更强、弱者更弱"、"赢家通吃、输家出局"的局面。

2）准竞争和产权保护。

网络经济时代，知识成为重要的生产要素，利用新知识发明新技术成为网络经济时代企业获取竞争优势的关键环节，技术创新对企业自身来说是一个制胜法宝。为避免技术风险和创新成果流失，企业会通过申请知识产权和专利权对其进行保护，而国家为了激励创新以加速技术创新的进程和整体产业的发展，也会向通过赋予其一定的产权来保护创新成果。在一定时期内，创新企业可以独享其创新成果，并利用新技术提供新产品和新服务，其他企业不得利用该项技术生产新产品或提供新服务，由此就造成了一定时期内创新企业的知识、技术垄断地位。

网络产品的系统性和互补性要求市场上只有一种或少数几种较高程度的技术标准，否则，不兼容的技术之间无法实现互通互联，因此，哪项技术成为了行业的标准，拥有该项技术的企业就占据了行业的主导地位，利用其对标准的掌控可以实现其垄断地位，那么也就能在整个行业中通过占据较大市场份额获得巨大的商业利益。同时，对行业的技术也掌握了制定权，从而形成技术方面的垄断。

（2）网络经济下的竞争。

竞争是市场经济的活力所在，也是网络经济发展的原动力，有竞争才有进步，才有效率的提高。网络经济环境中，竞争的程度、范围、领域、形态和内容都发生了改变，呈现出与传统市场竞争活动中不同的新特征。

1）竞争程度更加激烈、残酷。

网络时代的竞争突破了区域和国家的局限，是一场全球化的竞争。一方面，市场参与者空前增加；另一方面，技术更替的频繁和创新速度的加快使得拥有新技术的企业很有可能在新技术还没有得到充分利用，甚至是还没来得及推广的情况下被更为先进的技术所替代，因而，抢占市场先机和技术制高点的压力和动力也就愈大，"快鱼吃慢鱼"的现象从未停止。竞争的最终结果是众多竞争参与者中的少数几家企业获胜，占据垄断地位。其余均被市场淘汰，因此，网络经济条件下的竞争是十分激烈和残酷的。

2）竞争的范围达到了全球化。

传统经济条件下的农业经济社会时代，企业的竞争基本都是发生在国内市场上，即便是工业经济社会出现了跨国公司和跨国集团等企业形式，但当时的大多数企业的竞争也还是主要发生在国内市场上，国内市场仍是企业的主要关注范围。网络经济时代的信息化带来了经济的全球化和一体化，许多企业为了扩大自己的市场份额，逐渐将视野扩展到全球范围内，在选址、生产、销售及雇佣员工等方面都不再局限于本国，这样，企业不仅要面对来自本国企业的竞争，还要面对世界各地的竞争对手。

3）竞争的领域从实体到虚拟。

网络经济时代，一些虚拟的网络企业应运而生，互联网为企业提供了展示产品和服务的虚拟形式的网络空间，企业所面临的竞争对手包括纯粹依靠网络运营的虚拟企业、纯粹的实体企业以及实体和虚拟形式都拥有的企业，竞争的内容包括域名的竞争和虚拟社区的竞争。

4）竞争的形态从单独的主体竞争转向协作性竞争。

传统工业经济时代，由于要素和资源是稀缺的、有形的，谁占有更多的资源谁就能占据更多的市场，谁都不会将自己的资源与他人分享，让他人利用，每个企业都希望能独享其所拥有的资源，积聚竞争的筹码。网络经济时代的资源主要体现为知识和技术，这种资源是可无限的低成本复制的、无形的、可共享的，企业为了获取更多的信息，一般选择几家企业协作的方式将各自所拥有的资源拿出来分享，知识的累积能够增加其价值，能够提高创新成功的概率，即便创新失败，几家企业也可以共同分担，并且，企业的相互协作有利于增加竞争实力，迅速实现市场份额的扩大，实现共赢。

5）技术标准竞争成为竞争的新内容。

在农业经济社会时期，产品竞争是主要的市场竞争内容，工业经济社会早期，由于供给能力有限，人们的需求得不到满足，因此，规模大并且能生产出更多产品的企业能够迅速地获取市场份额，占据优势地位。随着资本主义的发展和技术进步，社会整体生产能力提高，商品由供不应求转变为供过于求，此时面对众多厂商提供的相同的或类似的产品，买方市场开始形成，消费者更青睐于那些物美价廉的产品，价格竞争以及品牌竞争成了竞争的核心内容。网络经济社会中，技术进步速度和频率都在加快，利用新技术生产出新产品和提供新服务是企业取得竞争优势的关键途径，因此，技术显得尤自己重要，技术的作用也日益凸显，谁拥有了技术谁就占据主导地位。由于网络时代技术的形式和类别层出不穷，为了保证相容相同，技术标准的制定就成为必要，各个企业都希望将技术标准掌握在自己手中，以获得市场的主动权和控制权，因此，技术标准的竞争就成了网络时代竞争新内容。

网络经济时代的垄断是在竞争中产生又在竞争中被打破的，竞争没有因为垄断而消除反而更加激烈，垄断和竞争成为了一种相互强化的关系，垄断的存在使得网络经济市场中减少了无效竞争，增加了有效竞争。

2.2.2.2　网络经济下的企业行为

企业行为指的是企业在追求利润最大化的过程中发生的一系列

市场行为。一方面，企业的市场行为受市场结构的影响和制约；另一方面，企业行为也会对市场结构的形态和特征产生影响。完全竞争市场中的单个企业都不足以影响到整个市场结构，因而也不会对其他企业的市场行为产生影响。完全垄断的市场结构中，一家企业独家垄断，没有与其竞争的企业，企业行为在企业之间的相互影响问题当然也就不突出。寡头垄断的市场结构中，寡头企业之间既相互合作又相互竞争，它们的行为相互制约、相互影响。网络经济下的市场结构竞争和垄断并存，垄断在竞争中产生又在竞争中被打破，属于竞争性垄断的市场结构。因此，对网络企业的市场行为的研究既包括对竞争过程的行为的研究，又包括对垄断状态的企业行为的研究，只有这样才能有利于我们更好地把握和理解网络经济时代的市场结构及其特征，为分析网络市场的绩效做好准备。

（1）定价行为。

网络经济中的正反馈机制、报酬递增规律和网络外部性作用打破了传统经济学中关于产品定价的理论，除了有掠夺性定价和价格歧视之外，还出现了免费定价和渗透定价等形式。网络经济时代用户规模成为一个企业成长和发展的关键，一些企业为了积累用户基础，使其产品被大多数消费者所接纳，以成为主流化产品，在产品的市场导入期会采取免费定价策略，如可以免费使用的电子邮件、杀毒软件、电子词典、聊天工具等。在进入市场初期，企业通过免费定价策略可以培养一批自己的忠诚用户，即使在后期的产品收费阶段，忠诚用户已经习惯使用该产品，而不愿意花费时间和金钱去重新购买并学习其他产品或服务。企业因此锁定了一批用户，这些用户的访问量也会为企业的广告和其他收费业务的增收做好铺垫，同时也能稳住产品的市场份额。除了免费定价策略外，企业有时候会实行渗透定价，即在产品的市场导入期制定较低的价格以达到吸引消费者、迅速扩大市场的目的。厂商实行渗透定价也是由于网络产品的价值受产品所拥有的用户规模大小的制约，因此，厂商要在短期内达到临界容量，否则就有可能失败。待用户规模实现，由于转换成本的存在，网内客户被锁定在原产品上，此时厂商可以根据实际情况将价格逐渐提高。当渗透定价的导入期定价非常低，低到价格为零时就是免费定价。

（2）网络企业的竞争行为和策略选择。

由于用户规模成了企业获胜的关键，因此，市场份额的争夺成为网络经济时代的主流化竞争策略。企业是否能够盈利，要看企业初期能否迅速达到临界用户基础，这就要求企业要率先推出自己的新产品，成为市场的领航者，将产品市场适当地开放，使产品的市场潜力和吸引力得到加强。同时，企业也要提高产品的技术含量，以降低临界用户基础所需要的用户规模，进而帮助企业尽早实现临界规模。为了争夺用户基础，企业一般会采取锁定策略，而新进入企业则会采用反锁定策略与在位企业争夺用户。各企业也会通过技术创新创造新产品，通过产品差异化策略来吸引消费者以积累用户基础，除此之外，利用技术优势参与标准竞争也是企业快速争取市场份额、占据市场优势的一种途径。

另外，网络企业和传统经济条件下一样也会发生广告行为、并购行为等，这些策略对吸引消费者、扩展企业市场影响力、迅速扩展市场份额有不可忽视的作用。

2.2.2.3　网络经济条件下的市场效率

网络经济条件下，竞争和垄断并存，竞争使得企业都在努力提高自身配置效率，充分利用资源。然而垄断也不是永久性的，潜在竞争者时刻在寻找契机进入市场，打破垄断格局，因此，只能不断加快技术创新的步伐才有机会在市场中得到持续发展，这样优胜劣汰的一个竞争环境会使得企业自觉地优化自身的生产要素投入组合，提高生产效率和配置效率。这样，整个社会的市场效率也随之得到提高。

（1）资源配置效率。

传统经济条件下垄断会造成社会福利的净损失，意味着垄断情况下资源配置的无效率。网络经济条件下，主要生产要素和投入资源是无形的、可重复使用的，加之在位厂商时刻面临着潜在进入者的威胁，因此，不存在通过限制产量进行提价的行为。而且网络企业的免费定价和渗透定价策略一方面为消费者带来了消费者剩余；另一方面能够快速地为企业积累用户，为企业后续的盈利提供保障，因此，成功的定价策略能够让消费者和生产者都能享受到利益，实现"双赢"。

（2）X—非效率。

如果生产潜能没有得到全部发挥，就被认为存在 X—非效率，这包括在既有的技术条件下实际产量小于能实现的最大产量和生产既定的产出所需要的投入超过了最低投入。这种 X—非效率在传统经济条件下被认为是由竞争不足和组织管理不善造成的效率损失，网络经济条件下，虽然这两大因素并没有完全消除，但由于激烈的竞争和信息化管理模式的出现，迫使各个企业都在积极进行技术创新，以改善管理，而且企业管理的信息化使得信息和命令的传达与反馈更加及时、完整、安全和有效，这使企业内部管理提高了效率，因此，X—非效率大大降低。

（3）以技术创新为主要内容的动态效率。

网络经济中，由于网络外部性作用的存在，使得企业在做出基础创新和推广创新成果的决策时不得不考虑用户规模的大小以及消费者的技术选择行为，这与新古典经济学中的集中研究技术的供应方而忽略了技术的需求方不同，网络经济下由于网络外部性和锁定效应的存在，消费者在面临新旧技术选择时偏好旧技术，迟迟不进行从落后的旧技术向先进的新技术的转换，这将会阻碍技术创新。另一种现象是由于网络外部性、转换成本以及其他因素的影响导致旧技术尚未完全老化，新技术被过早地引进和接受并大范围地取代旧技术，这对技术创新有推动作用，但会造成资源的浪费。但总体来说，由于网络经济条件下的技术进步迅速、技术更替频繁，技术创新的效率与传统经济相比提高了很多。

（4）放松规制、引入竞争。

其边际成本递减的特征以及其竞争和垄断并存的市场结构形式，使得网络经济中企业的垄断边界在渐渐收缩，某些环节的垄断性质也在逐渐减退，因此，在这些环节应该放松规制，引入竞争，以促进可竞争环节效率的提高。但由于网络企业基础网络设施的铺设成本和资源耗费巨大，因此，基础设施环节仍需要政府进行规制、指导，以减少重复建设给社会造成的巨大浪费。

由此可见，网络经济所体现的一些新特征和所表现出的新的运行模式为传统的产业组织理论增添了新内容，扩展了其逻辑框架，丰富了其理论内容，更新了其知识体系，是在其基础上的扩展和延伸。

2.2.3　网络企业现有研究综述

现有文献对网络企业方面的研究涉及会计学、管理学、经济学、运筹学等学科，对网络企业的研究内容主要集中在网络企业的市场行为，如竞争策略和并购策略、网络企业的发展方面（如经营和盈利模式）、网络企业的政府规制研究等。

首先，关于网络企业行为的研究。对网络企业的行为研究主要体现在企业的竞争和并购行为两个方面。竞争行为又包括产品差异化竞争、技术竞争、价格竞争、标准竞争等方式，竞争的最终目的是争夺市场份额。王国才（2005）通过顾客选择理论、产品差异化竞争理论，研究了网络外部性条件下网络企业的竞争行为以及网络产品的市场主流化策略、用户锁定策略、标准竞争策略以及市场结构最优化等主要问题。毛晶莹（2005）对网络企业的双寡头竞争博弈模型和网络企业的竞争策略进行了研究，分析了在每个竞争阶段网络企业应采取何种竞争策略。结果显示，在初始阶段，企业采取渗透定价策略将会吸引较多的用户入网，在相对成熟阶段，企业应采取措施提高本网用户转出的成本，降低新用户转入的成本，以争夺竞争对手的用户。居文军、孔林夫（2007）认为网络企业之间既有竞争又有合作，竞争合作机制能大大提高参与合作企业的效率和效益。网络企业为了在整体竞争中实现双赢，应该充分利用这种基于专业化分工的竞争合作机制的网络组织优势。王国才（2009）采用 Salop 圆周城市模型，对网络外部性市场中的企业自由进入、横向并购问题做了研究，利用数值模拟分析了网络外部性作用对市场均衡结果的影响，结果显示，网络外部性作用越强，市场集中度就会越高，网络企业进行横向兼并的动机就越强。

其次，网络企业发展方面的研究。我国学者对网络经济的经营和盈利模式较为关注。胡海波（2006）首先分析了网络企业经营中普遍存在的问题，然后结合具体案例对网络企业亏损及盈利的原因、网络企业的盈利模式分别展开分析，并进一步从实际出发，探讨了互联网内容门户网站以及电子商务网站的盈利模式和收入来源，在分析和研究的基础上提出了改进网络企业盈利模式的策略。范锋（2007）在考察了中国网络企业商业实践的基础上，以发展模式创新为主线，总结了网络企业的实际发展经验、网络企业商业模式创新的内容及其基本规律，进而对网络企业商业模式的实现途径及发展趋势进行了深入分析。刘致纬（2007）结合社会资本、统合技术接受与使用理论、计算机自我效能模式三个途径，从知识分享的角度研究了 Web2.0 环境下网络企业运营模式的建构，综合解释了 Web2.0 网站使用者知识分享的因素，最后提出了 CAS777 的网站企业运营模式。

最后，关于网络企业政府规制问题的研究。我国学者对于网络企业政府规制的研究主要体现在两个方面，一是对国外研究的推广和延伸；二是对国内具体产业政府规制的研究。德姆塞茨（1968）

提出的特许权投标理论与雪理弗提出的区域间比较竞争理论都认为在网络产业中适当引入竞争能够有效提高产业绩效。张晰竹（2000）深入细致地研究了政府规制制度的设计问题，分析了其对中国整体网络企业改革的重大意义，认为在价格规制方面的接入定价法不仅要考虑到企业的成本因素，还应该考虑到需求因素的影响。肖兴志（2002）对我国自然垄断产业规制特征进行了描述和归纳，在此基础上，根据自然垄断产业规制改革的一般规律，提出了自然垄断产业规制改革的基本模式以及模式构成中的影响因素。王俊豪（2009）认为垄断行业不仅有自然垄断性的环节和业务，也有竞争性的环节和业务，为了有效竞争的实现，在竞争性的环节或业务部分应该放松进入壁垒，为其他潜在进入企业提供竞争机会，以充分发挥竞争的优势和作用。

2.3　网络外部性市场中企业创新与竞争的相关研究

2.3.1　网络企业创新的相关研究

Katz 和 Shapiro（1986）通过一个两种技术的两阶段竞争模型说明了如果两种技术是完全兼容的，每一时期的消费者会选择两者中技术最先进的产品，这样能够使技术进步的幅度最大化。Paul Belleflamme（1998）建立了一个两阶段非合作的博弈模型，探讨了技术选择与产量竞争问题。Shy（1996）研究了网络外部性条件下，网络规模、技术的替代和互补关系等因素对消费者进行技术选择时的影响。Katz 和 Shapiro（1992）、Choi（1994）研究了开发新产品时采用时序性的研究以及进入厂商的科研决策在开发成本随时间逐渐下降的条件下，新技术开发的最优时机选择问题。Choi（1994）分析了不同风险程度下的科研项目选择问题，认为风险最高的研发策略才是社会最优的。Eirik Gaard Kristiansen（1996）介绍了进入者与在位者在选择研发项目时的风险偏好问题，认为新进入者或许会选择风险相对较小的研发项目，而在位者将会选择有较大风险的研发项目。Jack Hirshleifer 和 Amihai Glazer（1992）认为如果双寡头厂商的创新网络是兼容的，非创新厂商会从创新厂商的创新成果中获取收益，这将会导致双寡头厂商的创新投入不足，不利于创新效率的提高。Kristiansen E.G.、Thum Marcel 等经济学家也对网络外部性条件下企业的创新问题进行了研究。Abernathy 和 Wayne（1974）、Klein（1977）、Klepper（1996）经过研究发现当市场体现为技术密集型且不确定性因素较多时，小企业比大企业更有创新优势，而当市场比较稳定且资本密集时，大厂商则具备创新的条件，比小企业有创新优势。李克克（2006）研究了网络外部性作用下潜在技术主导厂商的研发策略和创新动机问题，认为网络外部性能够增加高效率潜在技术主导厂商的创新动机，但这种创新动机会受到兼容性、重新学习成本的影响而减弱。

2.3.2 网络外部性市场中企业竞争的研究综述

网络企业最显著的特征就是网络外部性，网络外部性作用的存在使得网络企业的竞争与传统的竞争模式和竞争策略有所不同，因此学者们对网络企业竞争的研究多体现为对网络外部性作用下的企业竞争新研究。

网络外部性与市场进入的研究。Farrell 和 Saloner（1986）在他们的研究中提出了"用户安装基础"的概念，此后的研究大多从"用户规模"、"用户安装基础"出发来研究网络企业中新企业进入所面临的结构性壁垒。Church 及 Gandal（1996）研究了互补品市场中的进入障碍问题，他们通过分析认为市场竞争的均衡结果由在位厂商和新进入者之间的价格差异程度所决定。当两者之间的价格差异较小时，市场上可能存在两种均衡结果，当两者的价格差较大时，无论社会最优技术是由哪一方提供的，最终的市场标准还是控制在在位者手中，市场也表现为进入容纳、进入遏制和进入封锁。Cabral 和 Riordan（1997）在研究中指出，在市场初期，掠夺性定价能够在一点程度上帮助企业积累广泛的用户基础，并产生"滚雪球"效应，从而能够抑制竞争对手市场份额的扩大。Farrell 和 Katz（2001）研究了在位厂商如何利用已有的用户基础来构筑策略性壁垒以防止新厂商的进入，由于对掠夺性定价进行行政干预很有可能会降低消费者剩余，而且根据具体竞争环境和条件的不同，很难对其进行司法识别，因此，对掠夺性定价进行行政干预是十分困难的。

网络外部性与转换成本的研究。Weizsacker（1984）认为较高的转换成本和消费者对产品偏好的逐渐改变会增加市场的竞争程度，消费者的购买决策会受到未来因素的影响而有可能推迟当期购买，使市场成为买方市场。Klemperer（1985，1986，1987）在 Von 研究的基础上进行了扩展和延伸，通过建立两阶段的 Hotelling 模型进行分析，结果表明，转换成本会将消费者锁定，这在初期积累用户规模的阶段十分关键，因此，初期的争夺战将十分激烈。厂商通过采取一些策略将用户进行锁定后将逐渐提价，以弥补用户规模积累初期所采用的低价吸引用户策略的损失。Beggs 和 Klemperer（1992）研究了竞争的不同阶段中转换成本对市场结构的作用。认为后期的提价策略会使厂商利润增加，这也是吸引新进入者努力克服不利因素进入市场的主要原因。

2.3.3　网络企业创新行为与竞争策略的国内外研究综述

21 世纪以来，国内对网络企业创新与竞争策略的研究逐渐成为焦点，越来越多的专家和学者纷纷投入到这方面的研究和探讨中来。李太勇（2000）研究了网络企业的技术标准竞争问题；梁静、余丽伟（2000）探讨了网络效应和技术联盟的问题；王琴（2001）

分析了网络外部性条件下的企业的创新问题；帅旭、陈宏民（2003）分析了网络外部性和转换成本对消费者锁定及企业竞争战略的作用，认为两者对市场竞争的程度均有增强作用。在此研究的基础上，他们进一步将转移成本内生化，研究了新进入企业的兼容性选择问题。李克克、陈宏民（2007）通过 Hotelling 模型的分析框架研究了在位厂商对潜在进入厂商所采取的进入遏制策略问题，将消费者学习使用新产品的成本、网络外部性以及序贯创新综合起来，探讨了网络外部性市场的结构特征。夏俊、吕廷杰（2006）经过研究发现在市场转型期，主导厂商可能会利用其"瓶颈"以及在位成本优势削弱竞争；李保红等（2007）在熊彼特三阶段技术创新的基础上研究了网络市场中的技术创新生命周期问题。

总结国内现有的关于网络企业创新与竞争的研究，它们可以归纳为以下几点：

其一，国内对网络企业的竞争研究多体现为对通信产业竞争的研究，尤其是体现为对运营商市场的研究，对设备供应商的研究还不够充分。

其二，对网络外部性市场中创新的研究集中体现为研发投入激励、兼容性因素、标准竞争等内容，关于技术的扩散研究以及新技术采纳的策略研究还有待更深一步地探讨和分析。

其三，对技术创新生命周期的研究都是分阶段的研究，将创造、创新和扩散综合起来，作为一个反馈的系统来进行综合分析的贡献性研究还尚待丰富。

第3章　网络外部性条件下的市场特征

3.1　网络外部性的相关概念界定

3.1.1　网络与网络效应

"网络"一词早就存在，人们对网络的概念也并不陌生，它是由节点和连接节点的链路组成的拓扑式结构。自从进入网络经济时代，网络以及与网络有关的产业便引起了人们的关注。网络经济时代的来临令"网络"一词有了更多的内涵。在 20 世纪 80 年代，一些日本的学者将由相应的网络发展起来的金融业、运输业和商业称为网络产业，也有一些学者认为电信、电力以及交通等产业都建立在相应的运营网络基础上，结构都是网络式的，因此将这些也称为网络产业。

随着计算机网络逐渐发展起来，计算机网络吸引了人们的注意力，有的学者认为网络产业是指以计算机网络为核心的产业群，包括与之相关的软件和硬件的开发、制造、网络基础设施建设以及网络运行的各种行业。

无论是以上的哪一种行业，都是以网络为依托，建立在网络之上的，每一个网络都连接着一个产业。

3.1.1.1　网络的类型

我们可以根据网络的性质、功能对其进行分类。

首先，按照网络的性质，可以将网络分为物理网络和虚拟网络两种。物理网络中连接节点的链路具有物质性，这种网络本身就是一种产品，如铁路运输网、电话网络、邮政网络、互联网等。在这些网络的铺设中，有些要花费巨大的成本，如铁路网的全国性铺设以及石油管道网的大规模铺建等都需要很高的建设成本，但随着技术进步的加快，有些网络的建设成本在不断降低，如移动电话之间信号的传递可以通过无线的形式进行，这就略去了有线电话网线的铺设成本。虚拟网络与物理网络的显著区别是其网络本身不具有商品价值，它是通过产品的功能和消费者的选择等因素而产生的一种网络结构，它是同一种软件、同一种硬件或互补品的使用者之间构成的网络，使用者之间因共享数据的需要而遵循着相同的标准。互补品之间由于功能的互补性，如光盘和播放器、计算机的硬件和软件等而必须连接在一起才能使用。

其次，根据网络的功能，可以将网络分为单向网络和双向网络。单向网络结构是指网络中的节点之间是单向传播和输送的，如自来水管道、天然气输送管道、广播等。双向网络则是指网络中节点之间的传播和输送是双向的，如电话网络、物流网络等。单向网络中的节点之间是互补的，功能各不相同，每一个节点负责不同的工作，连接在一起才能完成整个产品如广播电视的发送和接收装置。双向网络中的节点之间功能是相同的，每个节点承担相同的角色，你来我往地连接起来成为一个网络，如电话网络和运输网络。

3.1.1.2　网络效应

梅特卡夫法则认为一个网络的总价值是以网络中节点数的平方的速度在增长。如果网络中有 n 个节点，那么网络对单个节点的总价值与 $n(n-1)=n\times n-n$ 成正比，也就是说网络产品的价值会随着网络规模的增大而增加，这就是网络效应。

网络效应在网络经济中尤为显著，是网络经济的主要特征之一，许多学者和专家对其进行了研究和探讨。网络效应是指网络产品中的网络规模的扩大会带来产品价值的提高的一种经济效应，也就是说网络效应的存在会产生"一种网络产品对于他的消费者来说，总价值会随着使用人数的增加而增加"的现象。由此可以得知一种产品对消费者的价值依赖于使用该种产品的其他消费者总数。这种现象在网络经济中普遍存在，如对于电话的使用者来说，使用电话的总人数越多，他可联系的潜在对象也就越多，那么对他来说，电话的价值也就越高，如果只有他一个人使用电话，那么电话对他的价值几乎可以忽略。

网络产品所产生的网络效应是网络产品本身所具有的网络性质所决定的。网络规模越大，消费者就越能够从增加的消费者群中得到好处，网络产品对其用户的总价值就越大，网络效应就越强、越明显。这与传统经济条件下的"企业规模扩大到一定程度就不能再扩大"的理论不同，网络经济条件下的企业规模可以无限扩大，容易产生"强者更强，弱者更弱"的现象。传统经济条件下的企业规模扩大时管理成本也在增加，组织越来越庞大，产生 X—非效率现象，因此，企业不能无限扩大。网络经济条件下企业多为扁平式，信息化的管理模式使得企业规模即使不断扩大也不会存在管理困难的问题，因此，企业可以无限扩大，而且企业的产品或服务的价值反而会随着用户规模的增加而增加，当产品或服务的价值增加时，又会赢得新用户的加入，再次扩大了企业的用户规模，而企业的产品或服务的价值也将再次增加，这种正反馈作用将会使企业可以无限扩大。

3.1.2　网络外部性的定义

经济学中的外部性一般是指市场参与者的经济行为对其他人或社会产生了好的或者坏的影响时，却没有从其经济行为中获得补偿或赔偿的现象。外部性根据其所产生影响的积极性和消极性分为正外部性和负外部性。但无论是哪种外部性的存在都会降低社会福利，都对市场的应有效率造成了破坏，这种外部性是市场自身的缺陷，即市场失灵，它已经无法通过市场调节的手段进行解决，只能借助于市场之外的手段进行解决，如通过政府干预、法律约束、道德规范等"看得见的手"对其进行调控以解决外部性问题。

随着网络经济的快速发展，网络外部性问题逐渐引起人们的关注，网络外部性与经济学中所指的外部性有相同的理论基础，都是描述市场参与主体的自身行为对其他参与主体所产生的影响。网络外部性是指一种产品或服务的价值会随着使用该种产品或服务人数的增加而增加的现象。网络外部性产生的根源是网络产品或服务的网络性，网络的主要特征就是系统性和内部信息流的交互性，网络中任意两个节点之间信息的交互性和信息沟通的双向性正是网络的价值所在，因此，网络中的节点是不会排斥与其他节点相连的，正是由于这种节点与节点之间的相连才构成了一个不可分割的完整的系统。这种网络特性使得网络外部性表现出与传统外部性的不同。传统的外部性中一个主体的行为对其他主体的影响是直接的，例如化工厂的排污行为对附近民众直接造成空气污染的危害，网络外部性中消费者选择购买的行为首先会带来网络规模的扩大，其他用户和企业自身所获得的好处正是建立在这种扩大的网络规模基础之上的，产品和服务的网络性能够产生网络效应，正是由于网络产品或服务的网络特殊性所产生的网络效应，才导致了网络外部性的产生。

网络外部性的存在使得消费者和生产者都能从企业规模的扩大中获得好处，也就是说新加入者的网络加入行为对网络内的已有消费者、新加入消费者本身、企业都是有益处的，这种外部性是正的外部性。这种正的外部性使得企业规模的扩大产生了两种规模经济形式：一种是供给方规模经济；另一种是需求方规模经济，即不仅企业能够从用户规模的扩大中获取利益（市场份额扩大、利润水平提高等），消费者也同时从扩大的消费者规模中获得好处（更多资源享受、更多信息获取等）。另外一种网络外部性是负的外部性，虽然目前对网络外部性的研究一般是指网络正外部性，但网络负外部性同样是存在的。例如，一些网络产品或服务中会出现随着网络规模的扩大，网络中用户越来越多，分享资源的需求也越来越大的现象，当网络中的用户超过网络的承载时，或者说当网络设备规模扩大的速度低于一定的用户增加速度时，就有可能出现网络拥塞的情况，网络一旦出现拥塞，就会给用户带来不便，产生消极影响，即负的网络外部性。

3.1.3　网络外部性的来源及分类

3.1.3.1　网络外部性的来源

在多数对网络外部性的研究中，一般指的是正的网络外部性，对负网络外部性的研究还没有形成热潮。无论是正的网络外部性还是负的网络外部性，都是产生于网络内部节点之间的相连和互补性、网络内信息的交互性以及网络自身的系统性，交互性的发挥通过节点之间的连接来实现，由交互性产生的价值将随着网络规模的扩大而不断放大。例如电话网络，它的价值是通过与其他电话相连而得到体现的，它能相连的潜在对象越多，意味着它能为用户带来更多的便利，它的利用价值就越大。这种特殊的功能是由网络自身所具有的性质决定的，网络由于其物理结构的特殊性和系统性所产生的价值随着网络规模的扩大而扩大的效应就是网络效应，这是其他结构形式无法产生的，网络效应的发挥使得网络产品和服务具有了网络外部性的特征。

3.1.3.2　网络外部性的分类

根据网络外部性产生的途径不同，可以将其分为直接网络外部性和间接网络外部性。

（1）直接网络外部性。

当产品或服务的价值随着该产品或服务购买人数的增加而增加时，该产品市场就体现为直接网络外部性的特征。直接网络外部性描述的是产品或服务对消费者的价值是随着产品或服务购买者的增加而增加的，而不是随着其他相关性产品或服务（如互补性产品或服务）购买者人数的增加而增加的。这就说明在同一产品或同一服务市场内的消费者之间是相互依赖的，使用或购买同一产品或服务的消费者能够增加其他消费者的效用水平，这种效用增加的影响是直接的。

典型的存在直接网络外部性的市场是电话服务市场，对于电话网络中的用户来说，其所在的通话网络用户越多、规模越大，意味着可通话的潜在对象就越多，那么通话网络对该用户来说价值也就越大，该用户从该电话服务网络中所感受到的满足感就越高，消费者效用水平也就越高。反之，当用户所使用的电话服务网络中只有较少用户，甚至只有用户本身时，用户的潜在通话对象也就越少，甚至为零，此时该电话服务网络对消费者的价值就越小，甚至为零，消费者也就不能得到满足，效用水平极低。

（2）间接网络外部性。

间接网络外部性是指一种产品或服务购买者人数的增加对其他产品或服务价值的增加产生了正的影响，这种影响和作用虽然不是直接的，但却间接地产生影响和发挥作用，因此，称为间接的网络外部性。间接网络外部性最好的体现就是互补性、兼容性产品市场。由于互补品之间是相互依赖、不可分割的，用户使用某种产品的价值和该产品的互补品的数量、质量都有密切的关系。一种产品的互补品或兼容性产品的数量越多、用户规模越大、市场份额越高，消费者就越倾向于购买该种产品。这是由于消费者购买一种产品时要考虑到其互补品或与之可兼容的产品是否丰富、是否容易购买，因此，某种产品的互补品或兼容性产品的数量越多、市场份额越大，消费者就越愿意购买该产品。

间接网络外部性市场，如打印机市场，当使用打印机的消费者越来越多时，市场上就会提供数量较多、品种丰富的墨盒供消费者选择，并且价格会更低，消费者也就更愿意购买打印机，打印机的价值就被间接地提高了。另外，计算机硬件和软件市场也存在较强的间接网络外部性，某种计算机的购买用户越多，市场上就会出现更多可供选择的、与其相配套和兼容的软件产品，软件产品的丰富性使消费者能够获取更多的使用功能，计算机的使用价值更大，消费者当然更愿意购买该种计算机，计算机的价值也就增加了。

3.2　网络外部性市场的经济特征及供需定理

传统经济条件下描述消费效用的边际效用递减规律及用来描述生产者产出的边际报酬递减规律在网络外部性市场中已然发生了改变，需求和需求曲线发生变化，需求和供给定理需要重新被审视。

3.2.1　需求方的边际效用递增与新需求定理

3.2.1.1　边际效用递增现象

信息是网络外部性市场中最重要、最核心的资源，而网络具有将大量零碎、片面、散乱的信息进行处理转换成系统、完整、有序的综合性信息的特殊功能，因此，这些特殊性必然会产生与传统经济条件下不同的新的经济规律。

（1）网络系统处理和生成高层次、高价值信息的功能。

网络是一个由节点和连接节点之间的链路组成的特殊结构，节点之间的互补性、信息的交互性以及网络自身的系统性使得它能够对那些使用和接触网络的行为进行信息记载，并分别归类、存储，然后自动对这些信息在系统内进行整合，从而，那些原本零碎的、片面的、散乱的信息经过处理就转换成了有序的、层次更高的、价值更大的综合性信息体，这些系统的信息重新反馈给消费者时，消费者就能获得更高的效用水平。

（2）信息资源的边际效用递增性。

信息的价值在于传递，即信息只有通过传播和交流才能实现价值，不流动的信息就不能够为人所用，不具有资源性、价值性，因此，信息只有实现共享才能提升其价值。网络外部性市场中的信息价值正是如此，在信息不断地被传播、共享的过程中，信息的价值不是固定不变的，它会随着传播的次数越来越多和共享的范围越来越大而不断增值，当一个人将初级信息传递和共享出去以后，共享信息者们都会对这些初级信息进行反馈、加工、处理、分析、综合，从而形成较高价值的二级信息，二级信息被传播和共享以后又会形成三级信息，如此过程，信息就实现了自我累积增值，因此，随着信息的增多，消费者从这些增加的信息中获得的额外效用也就越多，也即信息具有边际效用递增的性质。

（3）网络外部性作用的边际效用递增。

直接网络外部性作用的存在使得消费者多购买一单位产品的行为会引起企业规模的扩大，会吸引其他消费者加入到该商品的购买中，从而又一次增加了用户规模，原有的消费者就能从新加入的用户中获得好处，这就是消费者增加一单位购买所得到的效用水平的增加。在间接网络外部性市场中，消费者增加一单位的产品购买时会引起该产品的互补品或兼容性产品市场的繁荣，消费者便能从这种繁荣中获取便利，这种由购买增加而带来的便利就是效用的增加，而且一种产品越畅销，它的互补品就越普遍、品种就越多、规模就越大，消费者获取的便利程度也就越高，即边际效用是递增的。

3.2.1.2　新需求定理

网络外部性市场中，由于消费者购买产品的意愿和强度不仅会受到产品价格的影响，还会受到产品已有用户规模的影响，即网络外部性强度的影响。由于网络外部性条件下边际效用是递增的，价格又由边际效用所决定，因此，市场上的价格随着需求量的增加也在不断提高，由此可以想象出网络外部性市场的需求曲线是一条向右上方倾斜的曲线。但是如果产品没有实现临界规模水平，消费者认为该产品的用户规模太小，以至于网络外部性强度较弱或为零，边际效用递增现象不明显，消费者依然不会为更大的需求量支付更高的价格，临界规模之前的边际效用仍是递减的。如图 3-1 所示，在临界规模之前，需求曲线仍然是一条向右下方倾斜的曲线，当需求量达到临界规模并大于临界规模时，需求曲线是一条向右上方倾斜的曲线。总结以上推理可得到网络外部性市场中的新需求定理：当市场上某一产品的需求量低于一特定临界值时，产品价格与产品需求量之间呈现反向变动关系；当该产品的需求量达到或者超过特定临界值时，产品价格与产品需求量呈同向变动关系。

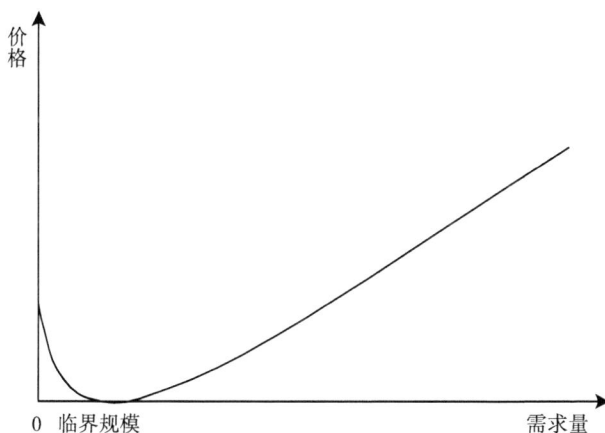

图 3-1　需求曲线的变化

3.2.2　供给方的边际报酬递增与新供给定理

3.2.2.1　网络外部性条件下的生产理论

网络外部性作用的存在，使得网络外部性市场中的产品生产成本性质也发生了改变。一般网络产品在生产的初期阶段需要投入巨大的成本用于基础网络设备的铺设或者研发活动，一旦网络铺设完毕或研发成功，产品的生产只是简单地复制，并可多次重复利用，例如，铁路网一旦铺设完成就可以多次重复使用，技术一旦研发成功就可以无限次低成本甚至是零成本复制。因此，网络产品的特征是高固定成本、低边际成本。由于其具有高沉淀成本性，我们可以认为企业为第一单位的消费者所提供的产品或服务的成本是极高的，包括巨大的网络设施的铺设、巨大的科研投入等，但从第二个单位的消费者开始，企业并没有再投入任何成本，只是在重复使用第一单位的消费者所使用的设备和信息、资源。因此，从第二单位的消费者开始，边际成本是急速下降的，由于企业后续的可变成本的投入很小，几乎为零，因此随着消费者人数的增多，平均成本也是下降的，由于要分摊之前的高额固定成本，因此，平均成本下降的速度要低于边际成本下降的速度，如图 3-2 所示。

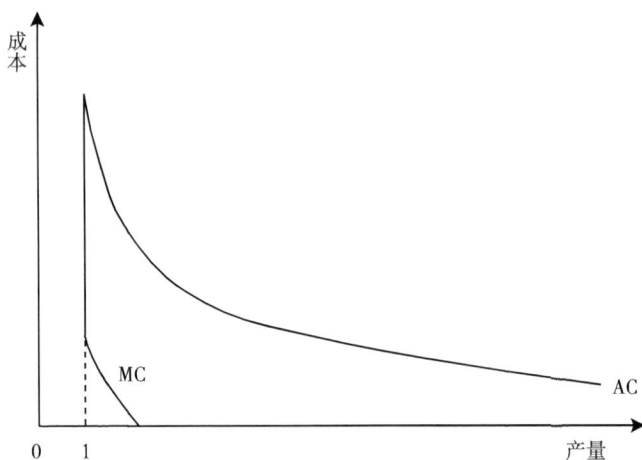

图 3-2　成本曲线的变化

3.2.2.2　新供给定理

网络经济条件下，由于网络外部性作用的存在，边际成本几乎为零，平均成本也无限趋近于零，由此一来，当产品有较多的购买者时，即便价格很低，厂商也能从中获取利润，因此，在每一个价格下，厂商都会对自己要出售的产品数量有一个预期，假如厂商预期产品的市场供给量为 Q，那么相应地对于这个供给量厂商有一个愿意接受的最低价格，因此，与传统经济中的价格影响供给量所不用，这里将供给量视为自变量，价格视为因变量①。在产品的数量为 1 单位时，厂商接受的价格是极高的，这个价格为初期投入的沉淀成本的大小，随着供给量的增加，价格会随着平均成本和边际成本的迅速下降而下降，即随着产品产量的增加，产品的价格会越来越低。产品供给量与价格的关系如图 3-3 所示。

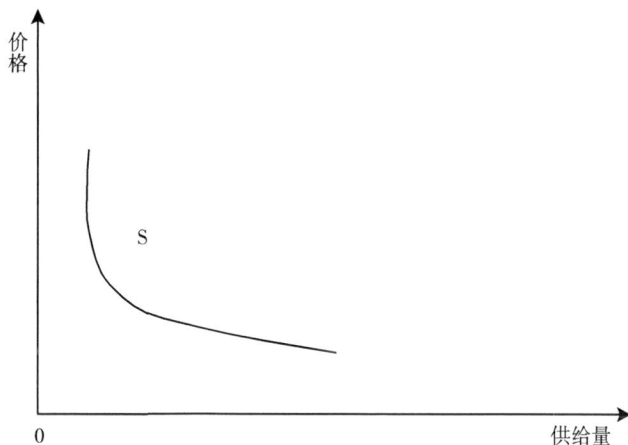

图 3-3　供给曲线的变化

3.2.3　网络外部性下的正反馈原理

网络外部性作用的存在，一方面使得企业产品的价值随着销售量的增加而逐渐提高，企业规模无限扩大，使得供给方规模经济的实现成为可能；另一方面，消费者人数的增加也扩大了企业的网络

---

① 由于边际成本为零，当产品的销售量越来越多时，固定成本就能得到越多的分摊，平均成本是下降的，这也使得厂商的降价成为可能，由此看来，供给量通过影响平均成本进而影响价格。

规模，也会产生规模经济效应，即需求方规模经济，两种规模经济的综合使得企业规模的扩大为企业带来了正反馈作用。如图 3-4 所示。

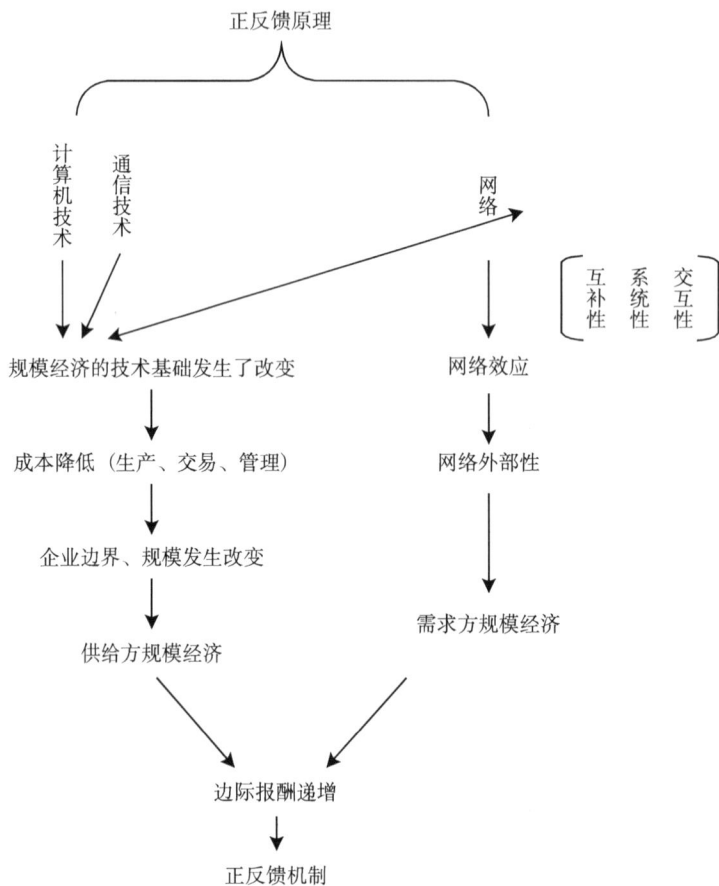

图 3-4　正反馈原理

3.3　网络外部性市场的运行特征

3.3.1　基于买卖双方力量对比关系的市场结构划分

市场的有序运行是依靠买卖双方共同推动实现的，市场结构取决于现有的、潜在的各方参与者在整个市场中所处的地位，以及各方对市场运行的影响程度。根据市场竞争的垄断程度不同，一般会将市场划分为完全竞争、垄断竞争、寡头垄断、完全垄断四种类型，本书前面的章节已经对该划分标准下的网络经济市场结构进行了详尽分析，此处不再赘述，本节将从另外一个划分标准，即买卖双方对比关系的角度来对网络外部性市场的结构类型进行划分。

3.3.1.1　卖方主导的市场结构

卖方主导的市场结构是指在一些产业中存在卖方相对集中、买方相对分散、产品供给小于需求，从而使得卖方在市场交易中处于主导地位的市场结构类型。例如，我国的电器产业，大部分产品集中在少数的供给企业和中间商手中，这些企业和中间商数量虽然不多，但规模较大，处于买方的零售商和消费者在交易的谈判中处于劣势地位，与对市场价格具有主导地位的卖方相比缺乏谈判能力。

3.3.1.2　买方主导的市场结构

买方主导的市场结构类型存在于那些卖方相对分散、买方相对集中的行业中。如银行业产品种类丰富、大量供应，买方即客户可以在这些银行和他们所提供的种类繁多的产品和服务中任意选择，在与银行的交易中处于主动地位，而银行为了获取更多的客户，就必须努力满足客户更高层次、更高水平、更多样化的产品需求，也就不得不与同行业的其他卖者展开激烈的竞争，积极拓展市场，他们相对于有主动选择权的买者而言，在市场中处于被动地位。

3.3.1.3 中间型的市场结构

有些行业中既存在着较多的买者，也存在着较多的卖者，呈现出买方数量多、规模小，卖方产业集中度偏低的现象，该行业的市场结构就是中间型。对于该种市场结构类型，买卖双方一般采取通过第三方交易平台来完成他们的交易。例如，淘宝网上商家众多，买者也为数众多，双方进行交易时采取支付宝的方式，该支付服务提供商独立于银行和商家之外，自己拓展用户，与银行和商家协商合作，提供网上支付服务。

3.3.2 网络外部性市场运行的不稳定性

由于网络外部性作用的存在，消费者的需求不仅受到产品价格的影响，还要受到产品已有用户规模因素的制约，需求函数被认为是价格和产品的用户规模两种因素共同作用的函数形式。因此，新兴企业如何能够快速达到临界容量，也即能够快速实现一个支撑网络成长所需要的最小的非零均衡规模是至关重要的。因此，对于新兴企业来说，如果消费者预期没有人会购买其产品或者其产品的互补品，兼容性产品较难获取时，新兴企业的进入就会缺少消费者支持，导致出现进入障碍。正是基于这个原因，企业的标准竞争、兼容性策略选择、定价策略以及预期管理等进入过程中的策略问题显得尤为重要，这也在企业之间产生了竞争，企业之间为了争夺技术标准，互不兼容的产品在同一市场上将会展开激烈的竞争，加之新技术层出不穷，以及市场上不稳定因素的存在，在竞争中获胜的技术并不一定能够永远保持下去。

网络外部性市场的不稳定性可以由多个原因来解释：其一，网络外部性作用的存在以及正反馈机制的作用使得网络外部性市场中存在多重均衡结果，由于没有唯一的均衡状态，市场显然是不稳定的，极有可能从一个均衡状态发展到另外一种均衡状态。其二，对于企业来说，消费者的预期对新兴企业成功实现临界容量以及在位企业在位优势的保持、加强非常重要，由于消费者预期受多种市场因素以及自身判断能力的影响而极具不稳定性，消费者所获得的信息是在不断改变的，今天所获得的产品信息和昨天所了解的产品信息极有可能是不一致的，这会导致消费者预期的改变。因此，对于在位企业来说，消费者预期的不断变化意味着今天的成功并不代表明天不会失败，新兴企业同样面临着消费者预期的不稳定性，其最终能否实现临界规模也是不确定的。

网络外部性市场中由于技术更替的速度和频率都在不断加快，当新技术更能为消费者所接受时，旧技术极易被新技术所取代，当转换使用新技术给消费者带来较大损失时，新技术就不会被市场上的消费者所接纳。这种新旧技术之间的竞争从未停止，使得垄断厂商的地位也只是暂时的，随时会被有实力的、成功进入的新兴企业所取代，这样的竞争加剧了市场的不稳定性。

3.3.3　网络外部性市场存在市场失灵现象吗？

传统市场中由于市场本身存在缺陷，会出现垄断、低效率、外部性、逆向选择、信息不对称等失灵现象。网络外部性市场中是否同样存在市场失灵现象呢？经济学家仍在为该问题争论不休。

网络外部性作用的存在，会使得消费者在转移购买由新技术所提供的新产品或新服务时产生转移成本，这种转移成本一方面源自于消费者放弃原有旧产品的大规模用户网络所产生的资源损失；另一方面源自于消费者要使用新产品或新服务时重新学习其操作方法所付出的学习成本和时间成本。转移成本的存在会导致消费者过于依赖旧技术产品或服务而不愿意接受新技术，即便新技术比旧技术更先进和更有效率。一些经济学家认为，如此一来，市场将会陷入次优技术占主导的困境，从而抑制了革新和技术进步。Joseph Farrell 和 Garth Saloner（1986）在他们的消费者预期协调模型中也证明了，由于信息不完全因素的存在，消费者对旧技术存在一定程度的惯性依赖，进一步证实了网络外部性的存在可能会抑制创新。

与对旧技术的过度依赖所产生的过大惰性相反的一种现象是对新技术的过度追捧和支持所产生的技术利用不充分。当转换成本过低或被消费者所忽略，消费者有极强的追求新鲜和高层次技术的心理，新技术提供的产品和服务对消费者有极强的吸引力时，即便原有技术尚未得到充分使用，仍然会被市场所淘汰。Katz 和 Shapiro 在他们的研究中发现市场中的消费者存在一种倾向于支持新形式且不与旧技术兼容的新技术的趋势。但有些经济学家认为，如此反复，就会造成技术更新过快，旧有技术被过度和提早替代的现象，这会造成社会资源的极大浪费。

那么在网络外部性市场中，过大惰性和过大冲性是否属于市场失灵现象呢？经济学家仍争论不休，包括如何衡量一项技术是否已经被充分利用，何时引进新技术才是有效的，技术进步以一个怎样的速度和频率进行才是稳定的、合理的、有效的，等等，这些问题都是值得考虑和探讨的。随着网络经济学的发展，人们需要对网络经济以及网络外部性市场进行更深入的研究和关注，从而总结出更多可靠的、可信的理论和规律，以对这些重要的、尚待解决的核心问题进行科学的阐释。

第4章 网络外部性市场中的企业创新特征

4.1 网络企业的含义及分类

在经济经历了以自然资源为主要生产要素投入的农业经济和以能源为主要生产要素投入的工业经济后，随着技术的发展和进步，现代社会形成了以信息、科技、知识为主要生产要素投入的网络经济社会。网络经济社会中的企业形式与传统的企业有很大的不同，前面章节中对网络企业做了简单的概述，本章将对其基本特征和在创新活动中所体现出的新特征进行详细的阐述。

从根源上来看，网络企业是随着互联网的发展和应用逐渐发展起来的新型企业形式，它一方面包括那些顺应网络经济发展而生的新兴企业，如即时通信、网上书店、网络广告、电子商务等；另一方面包括在网络经济社会中被信息化、网络化了的一些传统企业，如电力、电信、银行、航空等。前者是在传统经济条件下并没有出现过的企业形式，是利用新技术和网络发展起来的，提供网络产品和服务以供消费者在网上进行交往、娱乐、购物，以及获取各种信息的企业，这种类型的企业对网络经济的繁荣发展做出了很大贡献。后者是在传统经济条件下已经存在，在网络经济发展中，经过信息化、网络化、技术化改造的企业形式，这类企业是网络经济发展的保障，它们是网络经济与传统经济相结合的产物，既发展了传统经济，又支持了网络经济。

可以将网络企业分为网络设备制造企业、网络通信企业和网络服务企业三种。

网络设备制造企业。它是指那些制造计算机系统网络时所需要的所有相关设备和装置的企业。主要包括计算机企业、制造通信设备企业，以及其他网络设备的制造企业等。这些企业一般是随着互联网应用需求的增长而发展的，其具有良好的发展前景。IT产业的繁荣发展拉动着网络设备制造业继续强劲发展，另外，新型网络业务的快速发展也将对网络设备制造市场具有极强的带动作用，如传感器网络业务、网络游戏业务以及家庭网络业务等，这些将使得网络设备制造企业的业务规模继续保持扩大的趋势，并将迅速超越传统的网络业务规模，加之电信运营商对NGN的建设和3G业务的发展，这些都将会进一步提升对网络设备的需求。

网络通信企业。该类企业是指利用互联网进行实时通信的企业，主要包括网络电话业、即时通信业以及视信业（远程教育、远程会议、远程医疗、政府行政会议等）等企业类型。它们的发展改变着信息社会的联系方式和沟通方式，也改变了人们的学习、工作和娱乐方式，给人们的生活带来更多的便利和娱乐，如使用QQ、SKYPE、MSN等聊天工具可以通过网络进行实时语音和视频聊天，实现了PC-PC、PC-PHONE等多终端通信。

网络服务企业。该类企业在传统服务业基础上继续发展和延伸，是对传统服务业进行信息化、网络化和电子化改造后的企业形式，主要包括基础网络服务企业和应用网络服务企业。前者是指为网络应用服务业提供网络平台和数据通信保障的服务性企业，大多属于技术性服务，如ICP、IDC等；后者是指提供应用层面上服务的企业类型，主要包括网络游戏、网络广告、电子商务以及网络教育等。

4.2　网络外部性对技术创新的影响

4.2.1　"创造性毁灭"与"破坏性技术"

"创造性毁灭"是美籍奥地利经济学家熊彼特创新理论中所论述的重要思想，创新是"创造"又是"毁灭"，它创造了新产品的同时也淘汰了旧产品。新技术一般会超越旧技术，使旧技术变得陈旧、过时、落后，并在此基础上替代了旧技术，从而缩短了旧技术的生命周期。当市场上的新技术不断涌现，技术的生命周期不断被缩短，新技术对旧技术的替代速度越来越快，以至于旧技术还没来得及收回其巨大的沉淀成本就被淘汰，这时新技术的出现就造成了对旧技术的"毁灭"，这就是所谓的"创造性毁灭"。

每一种新技术都是对原有技术的改进和完善，都能够带来社会生产率的提高，因此，从这个意义上来讲新技术是对社会的一种巨大贡献。当技术更替的速度和频率过快时，虽然技术的生命周期不断被缩短，技术进步进程在不断加快，但由于每一项技术的实现都投入了高额的沉淀成本，如果这些沉淀成本不能被收回，将会造成社会资源的巨大浪费，给社会和企业自身带来巨大的负担。当每一个创新者都担心高额的沉淀成本是否能收回时，创新者就不再愿意投入更多的人力、物力去进行新技术的研发，这样，总体的创新活动就会缺乏积极性，整个社会就会出现创新不足的问题。

网络经济条件下由于技术更替的速度和频率较快，技术创新的"创造性毁灭"问题也更加突出，尤其本身就是各种创新和发明的产物的高新技术产业，其更新换代的速度更是日新月异。新技术的层出不穷直接导致了一代又一代旧技术被淘汰，有些技术甚至还未来得及投入市场就被淘汰，或者还未得到充分利用就被新技术破坏掉了，其高额创新成本和巨大的沉淀成本无法收回，这种给旧技术带来巨大破坏的新技术就成了毁灭旧技术的"破坏性技术"。

"破坏性技术"带来的"创造性毁灭"问题是网络经济条件下自主创新活动不得不面对的问题，也是网络经济环境中创新活动的普遍现象和显著特征，这是由于网络经济本身就是各种先进技术综合作用的产物，因此，其自身的创新活动和新旧技术更替现象更为普遍，"破坏性技术"也就不乏存在。由"破坏性技术"带来的"创造性毁灭"问题也非常突出，如何避免其造成的过度破坏和过度毁灭，以保证创新者的基本利益不受损害，从而缓解社会整体创新动力不足是这些问题中的重中之重。

4.2.2 "超额冲量"与"超额惯量"——两种低效率

网络经济条件下的技术创新特点主要体现为速度、频率的加快以及网络外部性作用两方面，前者表现为网络经济市场中的新技术层出不穷，消费者经常面临着新旧技术的选择问题；后者表现为市场上的消费者在对这些新技术进行选择时会考虑其用户规模的大小，即消费者具有彼此之间相互依赖的效用函数。因此，消费者在进行新旧技术的选择时就必须考虑其他用户的选择，消费者之间也需要进行协调，以实现效用最大化，协调的结果就可能存在"超额冲量"和"超额惯量"两种低效率现象。

为了说明这两种现象，假设消费者选择互不兼容的旧技术与新技术的效用函数分别为 $u(q)$、$v(q)$[1]，q 为用户规模，$q=1$ 或 $q=2$，由于存在网络外部性作用，所以 $v(2)>v(1)$，$u(2)>u(1)$，并且无论是新旧技术，两个人共同使用都比单独使用的效用水平高，即 $v(2)>u(1)$，

———————

[1] 这里假设函数 u 是减去转换成本、学习成本、交通成本后净效用函数。

u(2) > v(1)①。在这些假设基础上，通过博弈矩阵进一步对用户之间的协调行为进行分析，如图4-1所示。

用户 B

		新技术	旧技术
用户 A	新技术	α α	γ δ
	旧技术	δ γ	β β

图 4-1 消费者选择过程的博弈

根据以上假设可知：α > δ，β > γ，在网络外部性作用下可以得知：当用户 A 选择新技术时，用户 B 选择旧技术和新技术的收益分别为 δ 和 α，由于 α > δ，所以用户 B 会选择新技术。当用户 A 选择旧技术时，用户 B 选择新技术和旧技术的收益分别为 γ 和 β，由于 β > γ，所以用户 B 会选择旧技术，用户 B 的选择会随着用户 A 选择的改变而发生改变，因此，对用户 B 来说，并不存在一个占优策略，同样的道理，用户 A 也不存在占优策略，因此，该静态博弈结果存在两个纳什均衡解，即（新，新）、（旧，旧），分两种情况进行分析。

第一种情况：如果（新，新）是纳什均衡解，即两个用户均会选择新技术，但如果帕累托最优解为（旧，旧），消费者选择（新，新）就是低效率，这种现象称为"超额冲量"。即对于整体而言，市场虽然出现了新技术，但旧技术仍未得到充分利用，新技术也并不成熟时，过早淘汰旧技术而选择新技术。对于网络产业而言，一项技术投向市场需要巨大的沉淀成本，当这些成本还没来得及收回就被淘汰，会造成巨大的资源浪费，而且由于新技术并不十分成熟，新技术是否能成为未来的主导技术仍不确定，因此，过早投向

---

① 如果这些条件无法满足，也就意味着消费者总是偏好单独使用一种技术，也就不存在消费者之间进行协调的问题了。

新技术，贸然进行巨大的基础设备的铺设，有可能在市场发展的后期，即真正的主流技术出现的时候，会因为新技术的非标准地位失去其主流优势，其市场将会急速萎缩，前期的巨大投入将很难收回，给企业和社会都带来巨大的负担。

第二种情况：如果（旧，旧）是纳什均衡解，即两个用户均会选择旧技术，但如果（新，新）才是帕累托最优解，消费者选择就是低效的，这种现象称为"超额惯量"。即对于整体而言，市场已经出现了相对成熟的新技术，但消费者仍停留在落后的旧技术的使用上，从而产生新技术迟迟不被市场采纳的现象。这或许是由于消费者对新技术仍缺乏信心，或对新技术能否代替旧技术成为主流技术的判断不够清晰而犹豫不决，或者是由于消费习惯产生的对旧技术的过度依赖。这种现象会导致新技术采纳受阻，企业投入巨大的研发资金和人力研发出来的新技术却不被市场采纳，这最终会使得企业创新的动力不足，从而影响社会的技术进步进程。

"超额冲量"和"超额惯量"是网络经济条件下及网络外部性作用下的两种低效率现象，无论是过早地向技术进行转换还是对旧技术过分依赖而迟迟不接受新技术，对整个市场来说都是缺乏效率的，都存在巨大的效率增进空间。

4.2.3 技术扩散曲线的变化

技术扩散传播理论通过对技术扩散的距离、技术技能、技术扩散渠道等方面的研究认为技术扩散曲线呈现典型的"S"形（图 4-2），网络经济条件下，由于各种高新技术的高速发展、网络外部性作用等因素的影响，技术扩散的距离要么更长、要么更短，网络外部性作用使得一项技术能否成功进入市场取决于其是否能够实现临界规模，成功的技术将会进入快速发展期，失败的技术将直接被淘汰。因此，网络经济条件下的技术扩散曲线表现出的新特点使传统的扩散曲线发生了改变。

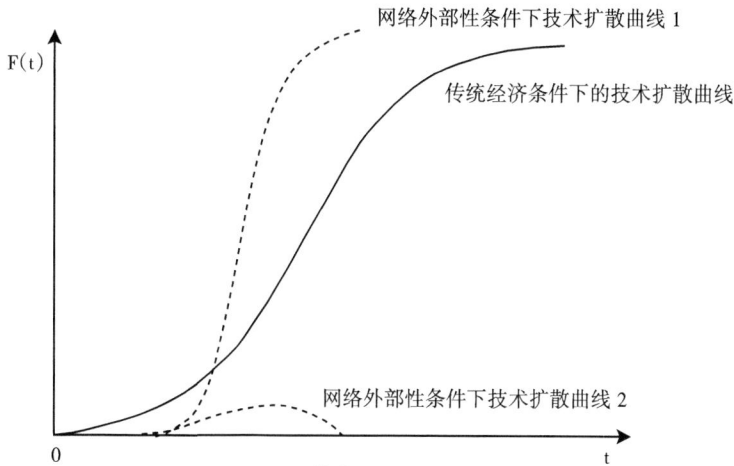

图 4-2　技术扩散曲线的变化

　　如图 4-2 所示，网络外部性条件下的两种扩散曲线与传统经济条件的扩散曲线相比均发生了变化。网络外部性条件下技术扩散曲线 1 是成功进入市场的技术的扩散曲线，网络外部性条件下技术扩散曲线 2 是没有成功进入市场的技术的扩散曲线。

　　首先对曲线 1 进行解释。网络外部性市场中，一项技术要想成功进入市场，首先要突破用户规模的制约，即必须迅速实现临界用户规模。如果一项技术通过进入策略能够吸引到新的用户并积累到足够大的用户基础，那么该项技术就能在初期成功进入市场，并依赖网络外部性作用而进入快速采用期。在快速采用期，随着采用该技术的用户增多，用户规模急速扩大，网络外部性作用更加显著，在正反馈机制下，这种技术扩散的速度超过了没有网络外部性作用的传统经济的技术扩散速度，企业利用转换成本和锁定效应制定各种锁定消费者的策略。技术扩散进入平稳发展期，企业仍然会采用各种锁定策略锁定用户以延长技术的生命周期。

　　其次对曲线 2 进行解释。曲线 2 是网络外部性条件下技术扩散失败的情况。当企业通过各种进入策略成功进入市场时，虽然在初期积累了一定的用户基础，也实现了临界规模，但由于消费者选择或技术自身的问题导致用户规模的扩大停滞不前，由于较小的用户规模只能体现出较小的网络外部性作用，因而没有进入快速发展期导致消费者逐渐流失而最终被市场淘汰。这种结果可能是由于企业在获得临界用户基础后，没有制定成功的扩大用户规模、锁定老用户、吸引新用户的策略，导致消费者在面临其他技术转换时选择了另一种技术，企业在竞争中逐渐失去其市场份额，最终导致该技术在市场上被淘汰。

4.3　网络企业技术竞争的特征

4.3.1　技术标准化与兼容性

如果网络的价值以它的网络规模大小为依托，即技术或产品具有网络外部性时，那么兼容和标准化将成为企业竞争中必须要进行的策略选择。当某一行业的技术标准为某一厂商所有时，该厂商就能利用标准占据垄断地位，即便在标准开放的市场中，拥有标准所有权的厂商也具有主导优势，市场标准大多取决于主导厂商的标准，而主导厂商和其他厂商就必须要决定是否与自身技术之外的其他技术进行兼容。兼容能够实现资源共享，从而使网络规模扩大，但同时也扩大了竞争对手的用户规模，因此，如何在标准的争夺中获胜，以及如何进行兼容性决策是企业竞争成功的关键。

4.3.1.1　标准策略

标准化是厂商的一种竞争策略，当市场中存在多个技术标准时，就会存在厂商之间的标准竞争，成功的厂商会成为标准的领导者，占据大部分市场份额。当然也有可能在标准竞争的过程中，厂商之间采取合作的方式以获取更多的市场份额。当市场上只允许有一种技术标准时，每个厂商都希望自己的技术成为事实标准以占据主导地位，在整个标准竞争中，企业的策略主要体现为抢先、预期炒作、吸引互补品供应商等。抢先，即在新技术出现时就立即做出反应，并承诺产品长期低价格以缩短建立临界用户基础的时间。预期炒作，即要提前进行产品预告和宣传，并对新技术做出可信的承诺以吸引新的消费者的进入。吸引互补品供应商，主要是由于许多网络产品的吸引力受其互补品数量和种类的影响，即间接网络外部性作用的发挥，当其互补品的市场供应相对普遍和较易获取时，该产品也更能吸引消费者。

4.3.1.2　兼容性策略

当市场上存在多个技术标准时，某一厂商的技术标准与其他厂商的技术标准是否采取兼容的策略就是必须要考虑的问题了。如果厂商的技术标准具有绝对优势并占据主导地位时，由于其已经拥有较大的用户规模，选择与其他技术相兼容的策略或许会扩大竞争对手的用户规模，因此，该厂商倾向于选择不兼容的策略。相反，如果厂商的技术标准只具有较小的用户基础，此时为了扩大其网络规模，厂商有可能会选择与主导标准相兼容的策略，这样能帮助厂商扩大潜在用户规模。也有多家厂商之间相互选择兼容或共同建立一个技术标准的策略类型，通过联盟的作用与占据优势地位的标准进行竞争，争夺消费者以削弱占据优势地位的标准的厂商的市场份额。

4.3.2　竞争中的企业间合作

传统产业组织理论中关于合作的分析一般是指寡头厂商之间的串谋行为，既包括卡特尔的形式公开串谋行为，又包括价格领先制定形式的暗中串谋行为，前者是指同一产品的几大供应商联合起来提高价格、控制产量以达到控制市场、获取超额利润的目的。卡特尔又分为明确的卡特尔和暗中的卡特尔，前者是指厂商之间的合作方式和内容有明确的文字性规定；后者又称为秘密协定的卡特尔，是指寡头厂商之间只是口头上针对某些问题达成一致而没有进行文字性规定的串谋行为。由于公开串谋行为的违法性，寡头厂商之间一般通过秘密形式的卡特尔进行暗中勾结，这种秘密形式的主要代表就是价格领先制度形式，它是通过市场上最大的厂商领先制定或变动价格，其他寡头厂商跟随其价格变动而采取相应行动的行为来实现的。但无论是哪种串谋行为，都会对消费者利益造成危害，由于其垄断性地位，一旦厂商之间进行合谋，通过限制产量、控制销售等手段控制产品价格，消费者只能作为价格的接受者，消费者剩余将被严重剥夺。

与传统产业组织理论中企业合作相比，网络产业中的厂商合作是出于各自不同的利益追求而进行的，但一般的目的都是为了扩大厂商的用户规模、壮大市场力量、与主导厂商争夺市场份额。这是由于网络外部性强弱的关键在于厂商所拥有用户规模的大小，一些新进入企业或已经存在于市场中的小企业为了达到迅速扩大网络规模、削弱主导厂商市场份额的目的而选择企业合作的形式，以增加与主导厂商进行竞争的优势，从而造成对主导厂商的威胁。合作的厂商之间能够实现资源共享和互补，通过资源的整合能够建立起力量强大、有较强市场影响力的联盟，从而增加竞争中成功的砝码。

网络厂商之间的合作一般分为纵向合作与横向合作。纵向合作指的是互补品供应商之间的合作。这主要是厂商各自为了确保其产品之间能够很好地实现兼容而进行的合作，间接网络外部性作用使得产品供应商的竞争优势在很大程度上依赖于互补产品种类的多少和质量的优劣，而互补品供应商要想卖出更多的产品，就必须依靠与该互补品相对应的基础产品市场规模和市场竞争力。基础产品的市场规模越大，那么其互补品的需求也就越大。相应地，如果基础产品的互补品或兼容性产品较易获得，该项产品也比较容易获得消费者的青睐。如果消费者购买一件产品，却无法购买到与其互补的或兼容的产品，这件产品就几乎不能使用，消费者就不会选择购买。因此，如果基础产品供应商和其互补品供应商结成联盟，使各自的优势得到发挥，利用共同资源研发出的产品就具有良好的兼容性和互补性，就能够实现"双赢"的联盟协同效应，这样，对两类供应商而言，都能获得更大的竞争优势。例如，计算机软件和硬件的供应商为了确保他们的硬件和软件之间能够良好地兼容并运行顺利，系统供应商会努力为应用软件提供匹配的平台，以促进兼容软件的供应。

横向合作是指相同产品供应商之间的合作，由于这种合作是竞争对手之间的合作，因此，与传统中的卡特尔形式比较类似，也比较容易引起反垄断组织的关注。但是在网络产业中，这种合作对促进竞争有极大的帮助。几个寡头厂商之间有时需要达成某项技术标准方面的一致性以实现产品之间的兼容而进行的合作将会有利于新标准的建立，进而促进新标准下的产品和旧标准下的产品的竞争、新标准下产品的内部竞争。但是如果是以标准合作为借口进行生产和营销，尤其是定价方面的串谋行为，就有可能要接受反垄断组织的相关调查。

4.3.3　消费者预期对竞争的影响

一般的消费者预期是指消费者在进行产品或服务选择时根据自身已经掌握的经济发展形势和市场信息等资源所做出的对市场未来变化、自身利益得失的一种预测、估计和判断，并据此对自身的商品交换、投资等经济活动做出决策的行为。消费者对产品和市场行情的预期是消费者对即将进行产品或服务选择的先决因素，由于市场上不稳定因素的存在，消费者无法准确知道其决策的对与错，只能根据自己的现有判断和估计进行选择，因此，预期作为先决条件影响着消费决策的制定和实施，它对消费者的满意程度、消费信心等都有直接的影响。

市场经济条件下，消费者预期问题上升为群体消费者的心理和行为，它对整个市场的运行、经济的整体发展、政府宏观调控政策的制定和实施以及企业生产销售管理都产生了不可忽视的影响，成为企业策略和政府政策制定时必须要考虑的主要因素之一。孙元明（2001）通过调查发现消费者预期水平对消费行为的促进或抑制作用受市场供求关系、物价水平变化等相关因素的影响；消费者预期水平高低对消费行为的影响受物价、利率、购买计划等因素的制约；消费者预期水平高低的变化与消费者动机变化趋势有关。

网络经济条件下的消费者预期不仅体现了以上特征，还具有其特殊性。一方面，网络产业技术创新的速度和频率较快，体现出创新的动态性；另一方面，网络产业中新旧技术更替频繁，新技术层出不穷，导致以技术为依托的产品或服务的价格也变化不定，体现为经常性的波动。因此，消费者会对价格变动、技术更替的速度和频率、技术的生命周期进行估计、预测和判断，进而做出购买决策。由此可知，这些关于价格变动、技术更替的预期会对消费者的消费行为产生重要影响，是消费者决策的前提因素。另外，由于网络产业中网络外部性作用的存在，消费者的预期对一项产品的成败具有重要的决定作用。当消费者预期一项产品不会成功时，消费者就不会购买该产品，那么该项产品就不能实现临界用户基础，就不能实现市场的成功进入，那么它的最终结果就和消费者预期的结果一样，即必定失败；反过来，当消费者预期一项产品能成功时，消费者就会选择购买该产品，那么该产品由于积累了用户，就能实现临界用户基础，从而能够实现市场的成功进入。这也是为什么在网络外部性市场中，如果消费者预期一项产品失败时，那么它往往是失败的；如果消费者预期一项产品会取得成功时，那么它往往能够成功。

由此可知，在网络外部性市场中，消费者预期对企业成功进入市场并逐渐获取主导地位的影响是十分关键的。因此，网络外部性市场中，企业在策略选择中做好消费者预期管理是十分必要的，也是十分关键的。企业应该充分认识到消费者预期这一因素的关键性，主动制定一些能够影响消费者对自身或竞争对手产品预期的策略，从而取得先发优势，抢先获取消费者的青睐和信任，使企业能在竞争中成功击败对手。

4.3.4　转换成本、锁定与企业技术竞争

网络产业本身是各种技术发展到一定水平和高度时的产物，其技术更替速度和频率比之前的任何时期都迅猛，厂商要想在层出不穷的新技术面前保持自身的市场地位，就必须通过采取一定的策略来稳固其市场地位，减少大量新技术带来的市场冲击，保护已有的市场份额。传统经济条件下，一旦旧技术面临新技术的威胁时，旧技术将会束手无策，这是因为消费者从旧技术产品或服务的使用中转移到新技术产品或服务的使用中所花费的成本极低，因此，当消费者面临在相对落后的、过时的旧技术产品或服务与先进的、时尚的新技术产品或服务之间进行选择时，消费者往往会选择新技术。

网络产业中，由于网络外部性的存在使得旧技术在面临新技术的冲击时并不是无能为力的。网络外部性的存在使得消费者从旧技术产品或服务中转移到新技术产品或服务中需要付出一定的转换成本。这是因为旧技术在新技术出现之前已经积累了较大的用户规模，具有较强的网络外部性，消费者从这种大规模的网络中能获取较多的价值，并且消费者由于对旧有技术的经常使用，已经对旧技术产生了依赖感和熟悉感，存在一种使用上的惯性，养成了对旧技术产品或服务的消费习惯。当消费者选择放弃旧技术，使用新技术时，虽然新技术能够为消费者提供更新鲜、更先进、更时尚、更高水平的产品或服务，但消费者失去了旧有技术产品或服务的大规模用户基础，也就失去了旧网络中的资源和信息的利用机会，并且消

费者还需要花费一定的时间对新技术进行学习和熟悉。因此，消费者进行选择时必须在转换成本与从新技术产品中能获得效用的增量之间进行权衡，只有当新技术带来的效用的提高能弥补或多于消费者从旧技术转移出来的转换成本时，消费者才会选择使用新技术。

面临新技术的威胁，旧技术产品或服务的供应商就可以通过采取相应的策略提高用户的转换成本，使用户因为高转换成本的存在而不得不继续保持使用旧技术产品和服务，即将用户"锁定"在旧技术产品或服务上，从而迫使用户放弃转移使用新技术。因此，在网络经济条件下的竞争中，转换成本和锁定效应的存在使得新技术不一定能够顺利代替旧技术，旧技术产品或服务的供应商在与新技术产品或服务的供应商进行竞争时也不再是只能处于劣势地位。当旧技术厂商提高转换成本的策略非常成功，从而产生足够强的锁定效应时，旧技术厂商不仅不会失败，反而会因为其巨大的用户规模产生的显著网络外部性作用而对其他消费者产生吸引，使其用户基础在原有的基础上继续扩大，其优势地位不仅不会被削弱，反而会增强，而新技术厂商因为无法与其较大的用户规模优势进行竞争，将会受到进入阻碍，不得不逐渐退出市场。

在网络企业竞争中，在位企业的锁定策略一般包括抢先化策略、性能演示策略、提高用户满意度策略、不兼容策略、培育用户满意度策略和产品升级策略等。针对在位企业的锁定策略，新进入企业需要采取一定的反锁定策略才能打破锁定，争取到更多的潜在用户，这种打破锁定的策略一般包括降低转移成本、创新、兼容与联盟等形式。

第 5 章 技术创新与企业竞争策略

5.1 基于用户安装基础的锁定与反锁定策略

网络外部性市场中，由于网络效应的存在，企业竞争中网络规模的大小就成了决定胜负的先决条件和关键因素。对于新进入企业来说，在进入初期，快速达到临界用户规模是企业成功实现市场进入的首要任务，只有当企业的用户基础突破临界点以后才能有机会在市场中与其他竞争对手一决雌雄。然而，超越临界点只是实现市场进入的必备条件，而并不意味着一劳永逸。网络外部性的存在会让那些拥有大用户规模的企业具备较强的竞争能力和获取较多的竞争优势，小企业进入后如果不能迅速采取正确的扩大用户规模的竞争策略，而在原有进入市场所需要的最小用户规模基础上停滞不前，那么终将会被大企业挤出市场。同样，对大企业而言，即便其具有在位优势，如果不采取积极的用户锁定策略以维持网络规模的稳定，阻止新进入企业和其他竞争对手利用各种手段攫取自有用户，那么其网络规模终会因用户的逐渐流失而不断缩小，最终会失去竞争优势直至被淘汰出局。因此，网络企业的显著网络外部性特征使得用户规模在企业竞争中的作用尤为重要，无论是新进入企业，还是已经拥有稳定用户规模的在位企业，都需要采取相应的策略以维持用户规模的稳定并扩大其规模。

5.1.1 在位企业的锁定策略

锁定的产生是源于网络外部性和转换成本的存在，在位企业为锁定消费者在其产品或服务上的消费而采取的增大网络外部性强度、提高或构筑转移成本的行为就是锁定策略。常用的锁定策略有以下几种。

5.1.1.1 抢先策略

先入为主的原则在网络经济条件下表现得尤为充分，在如今这个注意力资源稀缺的经济环境中，哪一方能够率先吸引到消费者的眼球，在第一时间内赢得用户的关注，哪一方就抢占了先机。能够最先进入市场的产品也就能最早进入消费者的视线，这是由于在产品投放初期，由于同类竞争产品种类较少，消费者的视野中也就没有太多种类可以选择，甚至只有一种产品可以选择，那么消费者只能把眼睛聚焦在这一种或仅有的几种产品上，这些产品被消费者选中的概率就很高。随着其他同类产品的逐渐进入，消费者的选择就逐渐多了起来，由于消费者的注意力是有限的，他们没有足够的精力关注到所有的产品，因此，越晚投入市场就会面临越多同类产品的竞争。虽然过早投放市场，产品功能和性能还不完善，但企业要领悟到品牌选择的关键通常不是一步到位地推出功能全面、性能稳定和良好的产品，而是要努力率先将产品推向市场，走入消费者视线，抢先获得消费者关注，功能的健全和性能的稳定可以在日后通过产品升级来逐步实现。这一策略的重要性可以通过微软和苹果在20世纪80年代的图形界面操作系统的竞争方面来体现。苹果公司和微软公司同时研制了图形界面操作系统，但微软选择在技术还未完全成熟的情况下率先将 Windows 推向市场并迅速占领了市场，从而成功取得了图形界面操作系统的霸主地位，苹果公司稍后推出的OS2

操作系统虽然功能完善，但由于错失先机而处于劣势地位[①]。

5.1.1.2　性能演示策略

网络产品是知识密集型产品，消费者在进行选择时无法通过品尝、试用等传统方式去了解产品信息，并且由于消费者知识结构的不全面，他们一般无法通过自身的能力对产品的性能和功能有全面的认识，也无法从产品的外观上获取产品隐含的价值，从而不利于消费者对产品信息的掌握，进而影响消费者的产品选择，此时生产者就需要通过产品性能演示策略建立一个为消费者展示产品、让消费者了解产品信息的平台。生产者通过性能演示策略可以推销自己的产品，展示产品的功能和性能，同时消费者也可以了解到产品的内在价值和隐性信息，也省去了消费者为了了解产品而产生的搜寻成本，因而能够帮助消费者在产品选择上做判断。通过性能演示策略可以将产品的优点展示出来，能够吸引尚处于观望阶段的消费者和其他竞争产品的消费者。但性能演示策略对吸引消费者而言，并不是完全有利的，性能演示过程中也会暴露出产品不够完善的方面，这会让消费者产生购买顾虑，也不利于吸引消费者。因此，企业在采取性能演示策略的过程中尤其要注意该策略的可靠性和风险性，尽量降低产生反向影响的概率。

5.1.1.3　用户满意度与用户忠诚度策略

在位企业网络规模的扩大需要不断吸引新的用户加入，一般在新消费者的产品选择初期，厂商会通过免费试用的方式来吸引新用户，但能否让消费者最终购买产品，在很大程度上取决于消费者在试用阶段对产品的满意程度。消费者对产品越满意，产品对消费者的吸引力就越大，消费者购买产品的概率就越高，厂商市场份额的扩大就越容易。因此，如何提高用户的满意度就成了厂商需要思考的问题了。这个问题一般通过加强与用户的沟通，及时针对消费者

---

① 张晓蒂，倪云虎. 网络经济概论［M］. 重庆：重庆大学出版社，2005.

反馈的信息对产品进行完善和改进等方式解决。企业有时要根据用户的个性化需求，在原有产品的基础上尽量与个性化需求的产品尽心拟合，以达到提高满足多样化需求的能力，从而吸引到更多的消费者。

在产品的品牌得以确立以后，企业就不仅仅需要关注用户的满意度了，还必须在用户忠诚度的培育方面制定相关策略，以牢牢锁定已有用户而不被其他竞争对手攫取。用户对一种产品的忠诚一般分为被动和主动两种情况。前者是指企业通过为老客户提供折扣、积分、优惠等活动而带来的转移成本提高，从而导致消费者被动重复购买的行为；后者是指由于产品自身价值的不断提高，消费者从产品中得到的效用不断增加带来的消费者对产品价值的认可和赞同而产生的重复购买的行为，例如，厂商通过对产品的升级和完善、强增值性能的不断开发、质量保证、售后服务、操作培训和维修保养等策略使消费者对企业及其产品的感知价值增加，依恋程度增加。

5.1.1.4　不兼容性策略

在位企业的最大优势莫过于其已有的较大用户规模，新进入企业在进入初期，急于获取新用户以扩大其安装基础来积聚较强的网络外部性，因此，如果新进入企业和在位企业选择相互兼容的竞争策略，那么新进入企业就能与在位企业已有的大网络实现互联互通，间接地扩大其用户规模，这会导致新进入企业对在位企业市场份额的蚕食。但新进入企业一般拥有比较先进的技术产品或服务，在位企业可以从兼容性策略中分享新技术带来的资源优势，而新进入企业虽然获得了一大批潜在用户，但通过技术进行竞争的优势却由于在位企业实现了共享而被削弱。因此，是否选择兼容取决于竞争企业之间市场力量的较量。一般规模已经很大、能够构筑高转移成本的企业倾向于选择不兼容的竞争策略以保护其市场份额和在位优势。规模小、转移成本策略较难成功实现的企业一般选择兼容性的竞争策略，以在短时间内获取一批潜在用户，从而实现用户规模的迅速扩大，而有技术优势的小企业要根据兼容带来的利弊进行权衡。

5.1.1.5　互补品提供策略

间接网络外部性的发挥和产品的互补品、兼容性产品有关，如果通过提供竞争对手不能提供的互补品和兼容性产品来提高基础产品的价值，将会促进企业品牌的确立，吸引消费者购买。那些能够为消费者提供丰富的、极具吸引力的互补品、兼容性产品组合的厂商能够在基础产品锁定和市场竞争中享有巨大的网络优势。这种互补品、兼容性产品的提供策略可以是厂商自己提供，也可以与互补品、兼容性产品的厂商合作来提供。提供互补品的策略既能够帮助厂商增加用户安装基础，又能够为用户增加产品的附加值，是能够使买卖双方皆大欢喜的策略。

5.1.2　新进入企业的反锁定策略

新进入企业能否成功在未来的发展中站稳脚跟，打破在位企业的用户锁定，并逐步建立起自己的用户锁定，对新进入企业能否在激烈的市场竞争中生存下来并良好发展起着至关重要的作用。因此，新进入企业要制定符合企业自身竞争形势以及有效的反锁定策略，以成功实现破旧立新。

5.1.2.1　降低用户转移成本策略

旧产品或服务的用户不愿意从旧产品或服务中转移出来，接受新进入企业提供的新产品或新服务，在很大程度上是由于高转移成本的存在。用户不愿意负担较高的转移成本而不得不停留在旧产品或服务的消费上。即使新进入企业提供的产品或服务更先进、时尚，性能更稳定，功能更完善，能够提高消费者的效用水平，但当这种效用水平的提高无法弥补转移成本带来的损失时，消费者仍被锁定在旧有产品或服务上。因此，对于新进入企业而言，降低用户的转移成本是十分重要的，这对消费者的决策有直接影响。当转移成本足够低，以至于能够被使用新产品带来的效用的提高所弥补时

（弥补之后有剩余即效用水平仍是提高的），消费者有极大可能去选择使用新产品，如移动运营商通常对从其他运营商转移过来的用户实施减免前几个月费用的做法来降低用户的转移成本。

5.1.2.2 创新策略

由于转移成本的存在使得用户被锁定在旧产品或服务的使用上，新进入企业要想反锁定，把用户争夺过来，就得提供高效用水平的产品或服务，以弥补转移成本的损失。假设消费者效用的净增加=消费者使用新产品或服务带来的效用水平的总增加−转移成本，为了满足新产品效用水平的提高能最大限度地弥补转移成本，以提高消费者效用的净增加，新进入企业一方面需要制定降低转移成本的策略，另一方面需要提高新产品或服务的性能。后者就需要通过创新来实现。创新是一个企业发展的动力，新进入企业在品牌、用户规模、声誉等方面与在位企业相比都不具有先占优势，只能通过后发优势，即创新来与在位企业竞争。如果新进入企业能够开发出具有良好性能和功能完善的、高技术含量的新技术产品或服务，那么新进入企业对消费者就具有吸引力，其后发技术优势越明显，消费者净效用越多，消费者就越愿意进行转移购买。

5.1.2.3 兼容策略

一般在位企业倾向于选择与新进入企业不兼容的策略以加强对其老用户的锁定，但新进入企业可以根据自身的情况选择合适的兼容策略，以防止被在位企业驱逐出市场。兼容策略的好处是能够帮助新进入企业直接获取一大批潜在的用户。由于新产品或服务与旧产品或服务有某种程度上的兼容，再加上新产品或服务所具有的新功能对消费者有较强的吸引力，转移成本较低，甚至为零，因此，在位企业的用户将会倾向于使用新产品或服务，因而采取与在位企业相兼容的产品对于新进入企业而言不失为一种好的策略。选择实行兼容性策略就要求新进入企业在进行产品设计和开发时熟悉旧产品或服务的相关信息，以保证产品或服务能顺利兼容。

5.1.2.4 联盟策略

在位企业由于积累了一定的用户规模，已经具有较强的市场势力和对用户的强势锁定，新进入企业一般在初期无法迅速建立起较大的用户安装基础，与在位企业相比，身单力薄、实力悬殊，只有通过几个小企业联盟的方式来扩大与在位企业竞争的实力，以打破在位企业的锁定。联盟策略的实施要求新进入企业在选择盟友时慎重考虑盟友的类别，新进入企业一般会选择互补品厂商作为合作伙伴以实现双赢，如果选择同类产品或服务的提供商作为盟友，那么在反锁定成功后，盟友之间可能会发生激烈的竞争。盟友的数量也并不是越多越好，否则在分享反锁定的胜利成果时，新进入企业只能分到较少的部分，这对合作成功后的自我发展道路没有显著的有利影响。

5.2 标准化与标准竞争

行业标准虽不是网络外部性市场中的新鲜事物，但对于市场竞争中的网络企业而言，标准是竞争的核心因素，谁赢得了标准谁就赢得了市场的主导权，"得标准者得天下"的说法在网络外部性市场中表现得尤为淋漓尽致，例如，办公软件领域中 Office 与 WPS 之间的竞争、操作系统 Windows 和 Linux 两者的竞争、浏览器 Internet Explorer 和 Netscape Navigator 之间的竞争，它们都想获得行业标准之位，尤其是网络经济纵深发展的趋势更会将标准竞争推向主形式的竞争。

5.2.1 技术标准、标准竞争

标准本身作为一种规范，大多是指对事物属性的一种规定。在经济学领域，标准指的是经济主体所遵循的一系列指标，这些指标一般是政府为了市场的规范化发展而制定的"法定标准"，具有公开性、非排他性和普遍适用性。在网络经济时代，市场上出现了大量具有私有产权性质的标准，与"法定标准"不同，这类标准是企业自身的努力所获得的市场的认可，是在竞争中胜利当选的"事实标准"，虽然其仍具有公共产品的属性，但已明显弱化。"事实标准"的所有者对标准有一定程度的控制权，并可以借机获取高额的垄断利润，也正是基于此，标准竞争才会空前激烈。

5.2.1.1　技术标准的定义及分类

网络经济时代新技术层出不穷，产品和服务都是以技术为基础的，产品的系统性和协同性要求使接入和互联互通问题成为需要被首要解决的问题，这类问题的技术解决方案逐渐被纳入标准之中，这类标准与传统的标准相比，有较高的技术含量，是企业研发投入、成功创新和市场化选择的结果。Economides（1996）认为技术标准是对技术活动中需要统一协调的事物制定的标准，是企业进行生产技术创新的基础依据[①]。标准竞争中获胜企业的技术形式、兼容程度、质量水平等技术方面的要求将成为行业中其他技术的标准，由于创新成果受专利保护，获胜企业可以通过技术垄断来获得市场主导地位，因此，标准对企业来说具有极大的吸引力，为此展开标准大战是网络经济时代普遍存在的现象。

按照不同的分类标准，技术标准可分为不同的种类。按实施强度可分为强制性标准、试行性标准和建议性（推荐性）标准；按地域可分为国际性标准、区域性标准、国家性标准、行业内标准和企业内标准；按开放程度可分为开放性标准和封闭性标准；根据是否具有所有权，可以分为专属标准和非专属标准；按内容可分为产品

---

① Economides. The Economics of Network [J]. International Journal of Organization, 1996, 1 (14): 673-700.

度量标准、操作标准、管理标准、工艺过程标准以及产品性能标准；根据形成的路径可分为事实标准和法定标准。以下对与网络经济学相关的几个标准类型进行简单阐述。

（1）兼容标准、产品质量标准。

网络产品价值体现的关键在于产品之间的互联互通，产品各个组成部分的衔接和交替对产品的有效、通畅运行具有十分重要的作用，错位或不顺畅的连接会导致产品组件之间不能实现有效对接，造成产品之间的不协调以及使用上的不方便。兼容标准是为了保证系统产品内部各个组件之间能够协调工作而对接入的连接方式和方法等所做的统一规定，不符合规定的产品组件就不能实现正常连接，因此，兼容标准对网络产品来说意义非常重大。产品质量标准是指对产品质量所做的最低要求和规定，这是由于网络产品都是高技术含量的标准，消费者可以通过最低质量标准了解产品的基础技术参数以及质量是否合格，以减少被锁定和不确定性风险。

（2）法定标准、事实标准。

法定标准是政府标准化组织、政府授权的标准化组织或国际标准化组织机构制定、批准的文件，它对网络经济活动或活动的结果规定了标准或特定值，以供活动参与者共同、重复使用，以实现在标准制定领域内最佳秩序的效益。由于法定标准的制定要遵循一定的标准设计程序而历时相对较长，因此相对复杂和滞后。事实标准是由行业内某一个企业或几个企业所组成的联盟建立起来的，因此它不需要经过制定机构的批准，也不被要求遵循一定的设计程序，它是在得到消费者普遍认可的基础形成的，是市场化的结果。因此，相对法定标准来说，事实标准更灵活、历时较短，比较能适应网络产业技术快速多变的发展特征。根据标准制定参与者数量的多少，事实标准又分为由单个企业制定的独占标准和几家实力相当的企业共同磋商、协调制定的联盟标准。前者是单个企业利用其市场优势地位逐渐推广形成的，如 Intel 公司的微处理器标准。后者是几个实力相当的企业在展开角逐的过程中难分高下，为了共同的利益而进行磋商和协调，最后联合起来在市场上推出的。

（3）专属标准、非专属标准。

以政府机构、政府授权的标准化组织机构以及国际标准化组织机构制定的法定标准是公开的、开放的，不归任何一家企业、企业联盟所有，属于非专属标准，如 GSM 标准和 WCDMA 标准。独立制定独占事实标准的企业拥有全部的知识产权，该企业会根据利益最大化原则对标准的开放与否以及开放程度自行决定，因此是专属标准。由几家企业共同制定的联盟事实标准的知识产权归几家企业共同所有，联盟内的每家企业都有一定的控制权，但没有独占的权力。

5.2.1.2　标准竞争

有学者认为标准竞争是不兼容的技术之间为争夺事实标准地位而产生的竞争，也有学者认为标准竞争是不同技术之间的竞争，但总的来说，标准竞争是两种或两种以上的技术之间为争夺市场支配地位而进行的彼此之间的竞争。

标准竞争一般分为新标准与新标准之间的竞争即横向竞争，新标准与旧标准之间的竞争即纵向竞争。标准竞争的主体可能是两个也可能是多个，因此，标准竞争的形式既可能存在双标准竞争又可能存在多标准竞争。另外，即使行业标准已经存在，也有可能被新标准替代，即新标准与已有在位标准之间的竞争。因此，在位标准的存在并不意味着标准竞争的终止，而是意味着新一轮的标准竞争的开始，在位标准只有适时地进行技术创新和技术更替来降低被竞争对手赶上和超越的可能性，才能保持其在位标准地位的长期性和稳固性。

标准竞争的结果一般呈现为两败俱伤、多标准共存和独立标准三种形式。两败俱伤是竞争企业最不希望得到的结果，它们都希望自己的标准能够成为行业的唯一标准，一旦在标准竞争中独立胜出，企业就掌握了行业标准的主导权，也就占据了市场的优势地位。但一般在竞争中独立胜出的结果很难实现，于是为了避免两败俱伤，竞争企业之间会选择追求多标准共存，其中有一种标准占据主流地位的次优结果，例如操作系统的 Windows 系统。而在多标准共存的标准竞争中，企业竞争的目的就是希望成为多标准中的主流标准。

5.2.2　技术标准竞争策略

制定有效合理的策略能够增大企业在标准竞争中获胜的可能性，因此，企业要想在标准大战中取得胜利，必须做好充分的思想准备和战略规划，要事先根据当前的市场形势和技术特征对斗争中有可能出现的情况和趋势进行预测，并制订相应的严密、周详的标准计划以降低未知风险出现的可能性。

5.2.2.1　竞争目标的设定

企业首先要根据对当前市场运行环境、技术发展情况、竞争参与者的实力以及自身能力的估测设定自身的竞争目标，决定是要进行彻底的革命式的竞争以争夺行业标准，实现独占地位，还是融入现有的行业标准进行追随。目标的设定是企业启动竞争行动的前提，只有确立了目标，才能明确努力奋争的目的和追求的结果，这关系到企业在标准竞争中获胜的概率。如果企业能够根据自身情况以及所处的境况制定出符合自身竞争能力的竞争目标，那么该目标在能力之内，实现的可能性就较大，如果企业制定出与实际情况及自身能力不相符合的目标，那么企业花费大量的人力、物力在不切实际的追求上，最终将会导致失败的结局。因此，企业不能盲目地设定竞争目标，必须要考虑到自身的生产能力、创新能力、技术性能即知识产权的拥有情况等因素，还要考虑到其他参与者在这些方面的实力，最后根据市场环境对标准竞争可能产生的影响进行综合分析，以明确标准设定的方向。

5.2.2.2　进入时机的选择

抢先策略在网络产业中被奉为金科玉律，在标准竞争领域也同样适用。网络产业中的正反馈机制对于那些先一步出发者能够率先启动，因此，也能较快地从正反馈机制中获取好处。这是由于抢先进入市场也必将抢先引起消费者和互补品厂商的关注，有利于安装基础的建立以及互补品供应的形成，从而通过这些先发优势率先形成对市场的锁定。

但抢先进入并不意味着百分之百的成功，正反馈机制的启动要求最低用户规模的形成，即便企业率先进入市场，如果没有迅速积累到临界用户基础，不仅不能够建立起先发优势，而且最终会成为市场上其他竞争对手的"小白鼠"。因为新进入者一旦失败，一方面，其他竞争对手会吸取教训而对产品的性能和功能进行稳定和完善，以避免重蹈先进入企业的覆辙，这间接导致了竞争对手成功率的提高；另一方面，企业失败会影响到企业在消费者心中的地位，给企业的声誉带来极大的负面影响，企业品牌的创建就会因此而困难重重。因此，在进入之前不做好充分的准备，先动不仅不会给企业带来竞争优势，反而有可能会毁掉企业的技术或产品，使企业一败涂地。

5.2.2.3　内部资源的积聚

企业在竞争中的成功不是凭空取得的，而是以自身的能力和实力为基础的。标准大战的获胜者是真正具有实力的企业，而实力的积聚需要各种资源的累积。企业要想扩充自己的实力，必须培育自己的创新能力、品牌和声誉、生产能力、营销能力以及市场运作能力等。企业竞争实力的大小从根本上取决于这些关键的内部因素。首先，企业要提高自身的创新能力。标准竞争的根本是技术的较量，拥有先进的技术就有了吸引消费者的筹码，因此，企业要加大研发投入，培养和引进高科技人才，为研制出高水平的技术，尤其是首创性技术，做好人力、物力准备，以培育出标准竞争所需要的核心资源。其次，企业要努力实现生产能力的提高，网络产业高固定成本、低边际成本的特征要求企业的生产能力必须达到一定的规模才能实现更强的正反馈效应，才能使企业产品价值迅速提高。最后，企业要在品牌和声誉等无形的资源上加大培育力度，适当增加与品牌开发、声誉建立有关的各项投入，这是由于标准竞争中声誉更好、品牌知名度更高的企业在标准竞争中更胜一筹。

5.2.2.4　合理的组织安排

企业组织安排的合理性是标准竞争中的基本保障，企业应根据自身情况，选择参与标准竞争的最优组织形式。市场中大多企业因为身单力薄而无法独自承担标准竞争的压力，面临重重困难，企业选择与其他企业联盟的方式不失为一种次优途径。参与标准竞争的企业都是有备而来，无论是内部资源还是外部支持，竞争企业都具备一定的实力，因此，在标准大战中想要独立胜出是十分困难的，如果不能通过自身能力取得胜利，采取与其他企业联盟以迅速实现资源的扩充和用户安装基础的增大以及声势的扩大对无法独自取胜的企业来说是一个次优选择。企业联盟成功的可能性比单独企业更高、更迅速，虽然成功后需要与其他盟友分享市场份额，但也比独立参战失败后几乎一无所得要好。因此，企业追求利益要根据企业所处的阶段以及自身情况来进行合理的组织安排。

5.3　技术创新周期与技术竞争策略

5.3.1　新技术采用与供给的波动

网络外部性市场中，新技术的采用主要取决于消费者对产品用户规模的预期。受网络外部性作用和消费者预期因素的影响，新技术的整个采用过程呈现出周期性的波动。在新技术采用初期，市场上或许存在着几种技术可供消费者选择，影响选择的因素主要包括消费者对技术用户规模的预期、新旧技术是否兼容、技术质量和网络效应之间的替代程度、转换成本。当市场上出现一种或者几种技术时，消费者采用之前会首先对其进行判断，即早期判断期，经过了判断期，技术就逐渐被消费者采用，进入起步发展期，在这一时期，能够快速实现临界规模的技术将会进入快速发展时期，那些由于消费者或技术自身缺陷导致的用户规模停滞不前的技术将逐渐在市场上消失。突破临界规模进入快速被采用期的技术可以是一种也可以是多种。新技术在快速发展期积聚了大量的用户而形成了逐渐稳定的用户基础，此后将进入平稳发展期。

在平稳发展时期，市场上如果是几种技术共存，那么在这几种技术中会出现一种主流技术标准，而消费者也往往被锁定于这种技术中。主流技术由于其较高的市场地位，它们一般关注的是高端的市场层面而无暇顾及一些低端市场领域，此时主流技术的跟随者就能够趁机在一些即将出现的、无关紧要的市场中进行商业化，这些技术与主流技术相对应，被称为"破碎性技术"，它们在主流技术的平稳发展期找到了"夹缝"，在这些"夹缝"市场中，一些简单的、便宜的技术足够满足市场需要，且在这些"夹缝"市场中发展起来的厂商的边际利润与主流厂商的高端市场领域相比是微乎其微的，主流技术的成本结构特征使其很难在这些零碎的"夹缝"市场中获利。基于以上原因，主流技术厂商对这些"破碎性技术"进行投资是存在一定障碍的，但是随着市场需求的变化和供给能力的提高，主流技术就有可能被一些逐渐强大起来的"破碎性技术"或其他新技术所替代而进入技术的"衰退期"。反之如果主流厂商能够及时关注市场的动向和这些"破碎性技术"的发展，适时地将这些"破碎性技术"进行融合，进行整体升级就能进入波动式的"渐进创新"时期，这也是在位厂商希望看到的，否则其主流地位将会被新出现的其他技术所替代而进入"衰落期"。

技术生命周期中另一个现象是技术供给的波动。由于外溢和兼容导致的研发成果的公共物品性使研发投入不足成为可能。网络外部性市场中，网络效应的增加一方面可能是用户规模的增加带来的；另一方面可能是由于兼容和外溢带来的。如果网络效用的扩大主要是由后者引发的，那么作为技术的供给方，企业的研发激励就会受到抑制，从而导致技术供给过度惰性的存在。如果网络效应的扩大主要是来自于用户基础的扩大，而兼容性较弱、外溢效应较小，企业就有足够的动力去加大研发投入，就会出现技术的过度冲动现象。

5.3.2　技术内竞争与技术间竞争的交替

当主流技术的功能和性能都不再能满足市场上逐渐多变的需求时，适应市场发展需要的新技术就开始不断涌现，并强烈希望替代旧技术成为新一时期的主流技术，这种新旧技术之间的竞争称为"技术间竞争"。新技术中的每一种技术都想成为市场的主流技术，成为市场标准以占领市场，因此，新技术之间也存在着激烈的标准之争，这种发生在同一时期内多种新技术之间的竞争被称为"技术内竞争"。

新技术的采用期是消费者决定是否淘汰旧技术、采用新技术的过程，因此，在消费者的判断期属于技术间的竞争。当新技术获胜以后，旧技术被市场淘汰，新技术进入快速发展期，市场标准化以后，新技术之间也开始了标准之争，每一种技术都想成为新一阶段的标准技术，竞争就由技术间竞争转向标准内部的竞争，直至到平稳发展期，市场上会出现一种主流的技术，这种技术就是在标准竞争中获胜的技术。这种竞争是同质的，并且由于这一阶段技术锁定导致的路径依赖现象的存在，技术创新的速度在很长一段时间内会放慢，直到一些厂商受创新激励和消费者预期的影响而发生的创新行为引发新技术出现，这时就产生了新一轮技术间的竞争。因此，市场上的竞争是技术间竞争和技术内竞争两种竞争的交替，在整个发展过程中是一种局部的稳定均衡和整体上的非均衡的动态演变。

5.3.3 技术竞争策略

如前所述，技术创新过程具有周期性的波动，在整个波动过程中既有消费者新技术采用的过度惰性、转换成本以及厂商的技术锁定和标准化现象的存在，又存在着消费者的多样性需求因素和厂商的创新激励影响。在企业制定技术竞争策略的过程中，这些供给方和需求方的影响因素都可以作为重要依据。

网络外部性市场中的技术、产品或服务存在明显的网络效应，企业在初期向市场推出新技术、新产品或新服务时，首要的任务就是建立用户基础，成功建立一个大的用户基础需要厂商制定周密严谨、合理有效的吸引消费者的策略，例如，开放的标准策略、渗透定价策略等。但是标准开放策略就意味着别的竞争企业可以使用相同的技术，这在一定程度上会弱化企业利用技术进行垄断的强度，使企业处于一种同质竞争的局面，这对拥有技术的企业来讲是极其不利的。但开放的标准能够为企业带来用户规模的扩大，在技术之间的竞争中处于有利地位。因此，企业在处理标准控制和开放的问题时，一般以自身利益最大化为出发点进行考虑。

在技术成功进入市场并占据一定的优势以后，企业一般就需要制定一些提高转换成本的策略以对已有消费者进行锁定，也正是基于此，会导致技术的路径依赖，这在一定程度上对技术的创新有不利的影响。成功企业除了面临在技术的平稳发展期如何锁定消费者的问题之外，还面临着当"剧烈性的技术创新"出现时如何应对的致命性问题，如果没有强有力的竞争策略，企业极有可能进入衰退期，直至退出市场。

技术内竞争也即标准之战的策略在前文中已有详细阐述，如抢先策略、预期管理策略和吸引互补品供应商策略等，在此只补充阐述技术间竞争策略。技术间竞争策略一般有两种形式：渐进式策略和技术革命。

所谓渐进式策略，就是在原有技术的基础上寻求技术的创新，这种创新是以向后兼容为基础的，向后兼容能够减少原有基础技术的转换成本，消费者会因为兼容的存在而愿意尝试新技术。由于消费者在转移过程中不会花费太多的成本，因此，消费者在尝试新技术的过程中如果能感受到比原有基础技术更大程度的满足，那么消费者会逐渐转移到新技术的使用上来。但这种渐进式创新要求新技术既要以原有的技术为创新的基础，并与之有一定程度的兼容性，又要比原有基础技术更优越和先进，这种要求也会给创新厂商带来某些方面的技术障碍而使得创新并不那么容易实现。

技术革命与渐进式创新策略不同，它脱离了原有基础技术的羁绊，提供一种比原有基础技术好得多的全新技术，由于新技术在性能和功能上比原有技术高出许多，它给消费者带来的满足程度也是极高的，这种新旧之间的巨大差距足够能引诱消费者花费转移成本去选择新技术产品或服务。但由于没有旧技术的支持，这种创新或许会面临着失败的结果，因此，有一定的风险性。

综上所述，渐进的创新保证了新旧之间的兼容，但产品的性能和功能不会有太大提升，或许只是旧产品的简单升级或改良。技术革命能提供性能和功能都比原有产品好得多的产品，但却面临着较高的市场风险。选择哪种创新方式最终要看企业自身如何权衡。

第 6 章　新技术采纳的延迟

——基于需求和供给双方的因素分析

6.1　基于需求的新技术采纳的延迟

由于网络产品具有网络外部性特征所导致的需求方规模经济等特性，消费者在选择新技术产品时通常会小心翼翼，担心自己选择了淘汰的机器设备而产生无价值的产品。正如美国哥伦比亚大学教授 Jay Pil Choi（1994）所认为的那样，网络产业的技术选择是不可逆的，由于转移成本和锁定效应的存在，一旦选择了一种技术，就很难再有重新选择其他技术的机会，因此，消费者在进行选择时，首先会根据自身已经掌握的新技术的信息对新技术产生一个预期，在预期作用下根据自己的偏好决定是否采纳新技术。因此，网络产品技术的采纳在很大程度上不得不受需求方因素的影响，需求方是否采纳新技术与需求方的偏好及对不确定性的预期有很大关系。

6.1.1　消费者选择——新技术采纳的需求方分析

在对网络外部性市场中新技术采纳的初始研究中，需求方因素往往被作为关键影响因素考虑在内，无论从转移成本、锁定效应、消费者偏好因素出发还是通过考察不确定性影响与消费者预期对新技术采纳的影响，研究者都在围绕消费者这个需求方对新技术采纳问题进行说明和解释。

Paul Klemperer（1987）、Joseph Farrell 和 Carl Shapiro（1988）都分析了转移成本对消费者转换使用另一种技术的影响，前者通过引入一个两阶段的双寡头竞争模型，说明厂商在经过较低定价积累了用户规模的第一阶段之后，在第二阶段会利用转移成本和锁定效应提高产品价格，导致较少的新用户加入，消费者的需求缺乏弹性。后者扩展了前者的研究，也认为厂商会在用户规模成功实现之后的第二阶段提高价格，并不能为了吸引新用户而采取价格歧视的行为。因此，在第二阶段拥有大量用户规模的厂商倾向于专心为老用户提供产品和服务，而将新用户留给其竞争对手或其他进入者，由于不存在进入壁垒，市场可能会出现过度进入的无效现象。其实早期对网络规模、转换成本、兼容性、技术质量的提高等因素对消费者新技术采纳影响的研究者提供了完整的研究框架，但对于网络产业中显著的"消费者（或需求方）因素"的分析还不够深入，大部分还停留在对企业（供给方）策略选择的研究上，对消费者以及消费者之间关系的研究还有待加强。Jay Pil Choi（1994）首次对不同时期消费者之间的相互影响进行了考察，他认为当新技术出现时，允许消费者除了"采纳与不采纳"的选择之外还有第三种选择"等待"，即他在假定相互竞争的和原本就不兼容的技术演进随着时间的推移而呈现随机性时，探讨了网络外部性对不可逆的技术选择决策的影响，对不同期消费者之间决策的相互影响的分析在其后续的研究中进一步得到了扩展。其 1997 年的文章在原有技术创新具有随机性、序贯性和潜在消费者的加入具有相继性的假设基础上，分析了不同市场结构下的消费者的选择问题。探讨了由网络外部性产生的这种相互影响对不同市场结构下技术采纳机制的影响，Katz 和 Shapiro（1992）也将消费者"等待"考虑在内，他认为技术进步是不间断的，因此，新技术引进所需的时间是内生性因素，由于垄断者会不断加速新技术的引入，这对消费者"等待"策略的选择没有任何激励，均衡结果是消费者永远不会"等待"，而垄断厂商会通过特殊的定价方式将所有的消费者吸引到其技术的使用中去，直到下一个新技术出现。这一研究虽然允许消费者选择"等待"，也考虑到了技术的价值会随着时间发生改变，但由于"事先的确定性"，所以存在一个完全可预测均衡，因此，消费者永远不会选择"等待"。回顾以上较早的研究，可以发现在 Joseph Farrell 和 Garth Saloner（1986）的模型中，新技术被假定为不可预测的，因而，"等待"也没有被作为消费者的可选策略被考虑在内。考虑了这一因素的还有 Waldman（1993），他同样考虑了技术选择的不可逆性，但认为消费者可以重复购买。Balcer 和 Lippman（1984）考虑了一个必须在采纳新技术与推迟采纳以等待未来更好的技术之间做选择的模型，但是没有着重分析某期消费者的选择对另一期消费者所产生的外部性问题。

可以看出，以上关于作为需求方的消费者对新技术采纳的研究，无论是在研究方法还是研究视角上都有了显著的进步，在不同程度上改变和创新了传统产业和经济理论的研究方法，极大地推动了网络产业中新技术采纳问题的研究，逐渐引入了消费者因素对该理论问题的影响及理论形成的重要作用，继对这些消费者因素的初步研究之后，Shy（1996）首次以需求方因素为主要的目标因素，考察了网络外部性作用下，消费者对于网络规模和技术进步的不同偏好对新技术采纳和采纳频率的影响，在考虑了新技术与旧技术的兼容程度的基础上，构建了随技术的用户规模和技术水平的增加而单调递增的消费者效用函数，说明了新技术采纳的充分必要条件是新用户采用高水平、小用户规模的新技术所得到的消费者效用大于使用较低水平、大用户规模的旧技术，他还列举了当用户规模和技术质量完全替代和完全互补两种极端情形下的消费者效用函数及新技术采纳情况。笔者得出了以下结论，即当新技术与旧技术完全兼容时，新技术总会被采纳；当完全不兼容且对消费者来说用户规模和技术质量是完全互补时新技术一定不被采纳，但当消费者认为用户规模与产品质量是完全可替代时新技术则有可能被采纳；一项技术用户规模的增加会增加该项技术的持续期，当然也就会降低新技术采纳的频率，新技术与旧技术的兼容程度的提高会降低一项技术的持续期，当然也就会增加新技术采纳的频率；在稳定的用户规模条件下，当技术增长率超过一定的临界值时，用户规模和技术质量之间替代程度的增加会缩短技术的持续期。

6.1.2 消费者预期与创新预告

消费者预期是消费者决策的先决条件，是消费者根据自身当前对技术和产品的形势和变量等信息掌握对后期发展的不确定性及自身利益得失情况进行估计、预测和判断的行为，消费者在进行技术和商品购买、交换、投资等行为时受预期的制约，因此，消费者预期是消费者制定和实施消费计划的前提，消费者消费产品或技术的满意程度以及购买信心会与预期做对比，所以，消费者对所消费的技术或产品是否满意，与进行消费之前所做出的预期有很大关系。消费者是否愿意接受和购买一项新技术同样受到消费者对该项技术预期的影响。

网络外部性市场中的需求方规模经济特征引致的消费者做出购买新产品决策时要么决定购买目前的新技术，要么等待未来更好的技术。但由于锁定效应的存在，一旦消费者购买了新技术就会被长期锁定，从而很可能失去获得未来更好技术的机会，因此，是选择购买，还是选择等待，消费者必须根据自身对产品和市场信息的掌握来做出选择。也有的学者提出当网络外部性作用显著时，厂商采取创新预告策略将会影响消费者的预期。将即将投入市场的新技术或新产品提前进行介绍和展示以吸引消费者的关注，一方面可以帮助消费者了解预售产品或技术的信息，以影响消费者的决策；另一方面也通过事先预告来宣传和扩散新产品。由于创新预告策略是由厂商制定和发布的，因此，厂商在制定和发布过程中倾向于显优避劣，让消费者了解到的都是有利于产品自身的信息，企业提前进行产品预告就可以在很大程度上消除消费者预期中的不确定因素，从而促进大多数观望者选择新产品或新技术。

厂商想通过影响消费者的预期来促进消费者对新产品或新技术的采纳，就需要对消费者预期有一个专门的管理，这种消费者预期管理的基础是消费者具有不同的偏好，根据不同的偏好类型采取不同的措施和手段来影响消费者预期是厂商进行消费者预期管理的普遍方式，其中一个重要手段就是新技术炒作，整个炒作周期经历了技术或产品产生炒作初期、概念炒作顶峰期、"泡沫"破灭期、艰难成熟期、稳定发展期。整个炒作过程中厂商都会主动积极地采取影响消费者对竞争产品预期的策略。当然，这其中不免存在一些破坏消费者对竞争厂商产品良好预期，为了形成消费者对自身产品良好预期而采取虚假宣传等恶性竞争行为。

当然，如果消费者对一项产品或技术的预期较差，消费者就不会购买该产品或技术，新技术采纳就有可能被延迟，加之网络外部性市场中动态的创新和波动性的价格等特性也使得消费者在技术创新、价格变动，以及技术的生命周期等方面的预期对消费者的购买行为有一定的影响，而且，网络外部性市场中的网络效应特征使得消费者预期对一项新产品或新技术能否被采纳有重要影响作用，当消费者对一种产品的预期较差时，消费者就会拒绝购买该产品，而购买者越少，该产品或技术的网络规模就会越小，那么消费者从该产品中获取的网络效应收益就会降低，这又会进一步影响到其他消费者的购买和加入，那么该产品或技术也就不能顺利被市场所采纳。反之，预期越好，购买人数就越多，网络规模越大，就会吸引更多的消费者购买，那么新产品或新技术也就能顺利被市场所采纳。

6.2 基于供给的新技术采纳的延迟

虽然在市场中也存在着创新者和创新成果所有者一致的现象，但更多的情况是两者分属于不同的主体，后者更为常见。一般作为直接销售新技术或新产品的企业自身由于成本因素而常常采取直接从科研机构购买创新成果，因此，创新成果能否扩散进市场并被市场采纳首先就要经受销售企业的考验、衡量和决策，这也是新技术或新产品进入市场之前需要经历的环节，有时，即便是企业自身的研发部门研发出的新技术或新产品，最后也并不一定会被企业投入市场进行销售，因为企业也要根据市场发展形势来做成本收益分析，如果分析结果认为将新技术或新产品投放市场的收益大于这个过程发生的成本，那么企业才会采取各种策略将技术推向市场，也就是说新技术首先需要被企业接受，才能有机会进一步被消费者接受，被市场接受。反之，虽然新技术或新产品研发出来了，但由于耗时太久或其他原因，市场上已经出现了更高水平和更高质量的技术或产品，那么，该项技术在没有机会接触市场的情况下就被淘汰了。由此可以看出，与消费者的需求方因素一样，作为供给方的企业也对新技术采纳有着重要影响。这也可以从一些学者的研究中看出，Majumdar 和 Venkataraman（1998）首次以企业为新技术采纳主体分析了转换效应、消费效应以及模仿效应对企业是否采纳新技术的影响。引入网络基础设施规模、市场份额、市场份额的平方代表转换效应（Conversion Effect），以消费者密度、消费者种类代表消费效应（Consumption Effect），以相邻企业所拥有产品的比例与部门各个企业所拥有产品的平均比例之比代表模仿效应（Imitation Effect），以企业的长途通话费收入占所有收入的比例来代表长途通话市场效

应 (Toll Market Effects)，以每一家企业在每个地区的平均通话增长率为增长效应（Growth Effect）①，通过对各变量进行OLS 模型回归得出拥有较大网络规模和市场份额的企业能够获得更多的经济回报，因而在新技术采纳上存在着经济激励以及风险的强承受力，因此，更有可能采纳新技术。新技术采纳早期，消费者密度比消费者种类更能促进新技术被采纳，后者对新技术采纳的影响在后期将非常显著。模仿效应在整个新技术采纳的过程中都与新技术采纳水平成正比。

一旦作为供给方的企业决定向市场投入新技术或新产品，企业作为新技术或新产品的供给方会采取各种策略努力促进市场采纳，如兼容性策略、锁定策略和技术标准策略。

6.2.1　兼容性与新技术采纳

网络产品的特征使得不同产品和技术之间的互联互通、相互协作变得尤为重要，一项技术或产品的互联互通范围越大，协作功能越强，该产品的网络价值也就越高，对消费者也就更具有吸引力，因此，企业往往通过兼容性策略来吸引消费者加入其用户基础以增大产品网络规模。兼容又分为纵向兼容和横向兼容，前者是指厂商在自身新旧技术之间兼容，或者是指不同厂商在同类技术之间的兼容。根据兼容程度，也可将兼容分为完全兼容、部分兼容和完全不兼容三种。完全兼容是指产品或技术之间完全互联互通，完全不兼容是绝对的不联不通，部分兼容则是在一定程度上的互联互通，有部分的协作范围。

旧技术与新技术之间的兼容能够起到减轻消费者在已经购买的技术或产品上的锁定效应，当新技术或新产品出现时，消费者

---

① 前三种变量为解释变量，后两种变量是笔者考虑到其他因素对企业是否采纳新技术的影响而引入的控制变量。

可以不受高转移成本的制约去进行新的选择，从而促进新技术被采纳，但在实际的新旧技术竞争中，旧技术一般都会利用自身的在位优势以及已有的大规模用户基础选择不兼容或极少兼容的策略来阻止新技术的市场进入，而新技术也会根据自身条件，如新技术或产品质量的高低与转移成本的高低之差等因素来选择是否与在位旧技术或产品进行兼容，以及在多大程度上实现兼容，从而促进新技术或新产品的市场进入。一般情况下，当新技术或产品有较高的质量，并且可以通过质量提高带来的好处来弥补消费者从旧技术转移到新技术过程中所产生的转移成本时，消费者倾向于转移使用新技术。反之，当新技术或新产品质量的提高程度不明显，质量提高给消费者带来的好处小于消费者所要付出的转移成本时，消费者就会被旧技术锁定而继续使用旧技术或旧产品，那么新技术采纳也就暂时不能实现。技术兼容也有不利影响，对于消费者来说，技术兼容会使得一些不兼容的技术或产品败出市场，从而减少了消费者选择的多样性；对于企业来说，技术兼容需要一定的技术和设备支持，这会提高企业的运作成本。关于兼容性与新技术采纳的具体说明将在第 7 章和第 8 章通过建立模型的方式进行阐述。

6.2.2 技术标准的双重性作用

关于技术标准对新技术采纳的影响，美国经济学家 Katz 和 Shapiro （1986）从网络产品的互补性和兼容性特征出发，分析了网络外部性作用显著的产业中技术采纳的问题，提出了市场上能否形成一个技术标准，该标准是否是社会最优的问题，并认为解决该问题的关键在于是否存在一个明晰的技术产权。他们的研究最终表明：当技术不存在明晰的产权时，技术供给者的自由进入会导致产品实行边际成本定价，并且由于外部性的存在，竞争均衡将会是无效率的，市场偏向无标准化趋势，或者即使市场形成了标准，也可能是一个错误的标准。当"赞助商"拥有一项给定技术的产权（技术存在明晰的产权）时，技术的供给者可以进行投资并以渗透定价的方式使其技术在市场上得以确立①，并认为"赞助商"的存在可以通过在技术生命的初期以低于成本定价法的方式将一些外部性问题内部化，指出拥有"赞助商"的技术由于其前期的低价格优势而更容易被采用，在市场竞争中具有先发优势，甚至当所有消费者都认为其竞争对手（无"赞助商"的技术）提供的技术较好时，其仍可能会主导市场。该种情况下，市场结果仍有可能是过度的标准化或错误的技术标准，当两者都有"赞助商"时，未来水平和质量较高的技术具有后发优势，产业将会向着新的、更优质量的技术水平发展。

　　标准作为一种统一的技术规范，对新技术采纳的实现作用有双重性。一方面，标准的统一也就是技术规范的统一，统一的技术规范可以起到降低交易成本、减少风险和不稳定性的作用，一个行业的标准就是一个行业的技术规范，谁掌握了标准谁就是赢家，因此，标准的形成过程其实就是一个标准竞争的过程，网络外部性市场中标准的竞争结果通常只有一个获胜者，而网络外部性市场中的技术是以较快的速度更新换代的，新技术层出不穷，因此，标准竞争异常激烈，也只有优秀的、高品质、高科技含量的技术和产品才能有较多的获胜机会，因此，在标准形成的过程中，技术创新竞相出现，新技术或新产品也纷纷呈现，这种竞争有利于推动新技术的采纳以及市场技术水平的整体提高。

　　另一方面，一旦形成标准，处于同一标准中的厂商就失去了技术革新的动力，而且由于其他因素的存在，获得标准的技术可能并不是最好的技术，这在一定程度上会打击创新动力，抑制新技术的出现，而且，标准的存在会使得标准内和标准外的企业都逐渐向标

---

① 这些投资在技术稳定的后期可以通过大于边际成本的产品定价法收回。

准贴近，就会出现单一的技术或产品，与现有标准不一致的新技术或新产品由于与现有大多数技术不兼容而往往不被消费者采纳。并且，消费者只能选择品种单一的产品，但由于标准的统一性，消费者可以在标准内选择其他品牌的产品。

也正是由于标准所产生的双重性影响，在网络外部性市场中，关于标准的研究主要产生了以下几个问题：标准化是促进了竞争还是抑制了竞争；标准激励了创新还是打击了创新；标准加重了贸易的障碍还是减轻了障碍；标准带来的稳定性收益与消费者多样化选择的失去之间如何权衡。

6.3　新技术采纳的案例分析——朗讯和北电之争

20 世纪 90 年代是通信市场的繁荣时期，在电信业自由化发展和激烈竞争的推动下，整个世界的通信设备产业逐渐达到了顶峰。对于中国来说，2008 年奥运会的举办、电信运营商的重组与 3G 拍照的发放等一些对中国通信产业有重大影响事件的发生让中国一下子成了全球各大通信厂商竞相追逐的市场，技术创新也在这些激烈竞争中不断发生，能够在竞争中实现技术创新是竞争成功的前提，但关键是能否抓住有利时机率先向市场推行技术创新的成果，并通过制定促进新技术采纳的策略一举成功。本节就通过案例来实际说明新技术或新产品的竞争现象。

"朗讯"和"北电"作为在激烈竞争中成功胜出的通信巨头，它们曾经在全球的通信市场叱咤风云，朗讯科技公司在移动、数据、光、软件和服务以及语音技术方面均具有较强的实力，公司始终致力于为全球最大的通信服务提供商提供和设计网络，其技术和科研支持的后盾是实力超群的贝尔实验室，该研发机构遍布世界 16 个国家，拥有十几位诺贝尔奖获得者、40000 多项发明成果、30000 多项发明专利，是当之无愧的最多产的研发机构之一。然而这样一个技术创新实力强大的机构却在与阿尔卡特公司合并以后，于 2008 年 8 月 7 日被卖掉，之后转为商业开发，虽然有消息称这是由于合并后的阿尔卡特朗讯公司 6 个季度连续亏损，不得已而为之，但从产业发展的角度来看，这正标志着"朗讯时代"的结束。

与此同时，另一个通信业巨头"北电网络"的故事也在发生，当人们都在认为 2.5G 已经是光纤传输的极限时，北电网络却在设计工程师罗世杰的带领下创造出了 10G 的神话，这也是北电史上最辉煌的产品，但另一巨头，也是它最大的竞争对手朗讯科技公司却不认为这是一个胜利，他们轻松地认为慢于 10G SDH 的网络都还没充分发挥潜力，要想直接跳跃到 10G SDH 的速度是不符合常规的，市场并不需要这么快的速度，市场也不会在短期内发展得如此之快，因此，即便北电制造出了 10G SDH 的产品，也是英雄无用武之地，必定不会被市场接纳。而北电在此时却大力将新产品推向市场，其 OC192 系统能够支持 10G 比特每秒钟的传输速度，2000 年之后，该系统占据了 90% 的市场份额，一度垄断整个市场，取得了这场技术大战的胜利。朗讯则在这场跑步比赛中被远远抛在后边。朗讯意识到自身落后于北电之后幡然醒悟，北电神话让朗讯毅然决定进行更高速度技术的研发，它同样在 2000 年向市场推出了 40G 的商用产品，但是此时"网络泡沫"的破灭早已经拉慢了市场需求发展的速度，40G 的新技术久久不能得到应用，朗讯在封存技术的过程中等待着时机的到来，然而由于错失良机，朗讯最终在还没有等到所谓的时机时就已经悄然败落。

从朗讯和北电的竞争中，我们可以看出，40G 的失败正是验证了市场需求一直不能满足新技术发展的需要，从而造成新技术采纳延迟的现象。北电能够抢占市场先机，对市场需求做出了准备判断，逐渐建立起了庞大的 10G 用户网络规模，这也导致了 40G 技术出现时，消费者由于较高转移成本的存在而不采纳 40G 新技术的现象。新技术迟迟不被采纳，从而造成朗讯的毁灭，这同时也说明了技术创新决策和市场推出意识对于新技术采纳是至关重要的，而技术采纳对一个公司则起着生死攸关的作用。

第 7 章　网络外部性市场中的
新技术采纳问题研究
——基于市场份额演化的角度

本章基于市场份额演化的动态角度，通过构建 CES 效用函数，考察了不同市场类型中消费者和开发商在新旧技术之间的选择问题，进而对新技术采纳的影响因素进行分析。结果表明：用户驱动型市场和开发商驱动型市场中，新技术由于不具有规模优势而不易被采纳；质量驱动型市场中，新技术由于其高质量优势而比较能受到消费者和开发商的青睐，容易被采纳。因此，新技术企业要想成功实现市场进入，就需要明确其技术形式所属的市场类型，通过制定符合市场特征的进入策略来促进新技术的采纳。

网络外部性条件下，消费者更注重产品的网络效应，企业进入新市场所提供的产品能否得到消费者的认可不仅要受产品质量的影响，而且还与企业已有用户规模、产品相关的开发商数量有关。拥有大规模用户基础的企业往往可以通过模仿拥有质量优势的小企业产品实现成功的市场进入。例如，腾讯公司开发的"QQ 农场"模仿了"开心农场"，QQ 游戏模仿了联众游戏大厅，这两个业务很快便打垮了竞争对手并占领了市场。腾讯的进入优势源自于其强大的用户基础，即直接网络外部性的作用。但同样的用户基础优势却没能帮助腾讯公司在视频网站与 B2C 电子商务领域的市场进入获得成功，原因是市场上生产与其产品具有兼容性产品的开发商数量较少，即受到了间接网络外部性的不利影响。通过现实中的这些案例可以说明，网络外部性的存在使得市场进入的影响因素发生了改变，传统经济条件下主要依靠质量优势的市场进入策略也不再完全适用于网络外部性市场的进入行为，尤其是对于已经具备一定用户基础的企业而言，其已有的用户规模显然是其开拓新市场的核心优势，但这种核心优势是否是完全的、绝对的、彻底的？直接网络外部性和间接网络外部性是如何影响其市场进入的呢？两者是否会对产品质量因素产生替代影响效应呢？如果答案是肯定的，那么替代影响程度又如何呢？这正是本书所要探讨和研究的问题。

本书在已有研究的基础上，为了分析网络外部性因素对企业市场进入的影响，首先，建立了包含直接网络外部性、间接网络外部性及质量因素的 CES 效用函数，为消费者在新旧产品之间进行的选择提供了依据。其次，构建了市场份额演化的动态模型，用于考察企业进入市场后不同时期所获取的市场份额。然后对模型中的参数进行不同的初始赋值后进行了实证分析，考察在直接网络外部性、间接网络外部性、质量因素的分别影响下，具有一定用户基础的企业在进入新市场后的不同时期所获得的市场份额的变化。最后，根据实证结果，结合现实中的产品特征，将新进入企业的产品类型分为用户驱动型、开发商驱动型及质量驱动型，并针对拥有不同类型产品的企业提出了有利于其市场进入获得成功的建议和具体措施。力图重新回答：为什么有的领域创新型进入者甚至模仿者容易击败在位者，而有的行业在位者地位异常坚固，阻止了新技术的采纳。

本章主要分为三个部分：第一部分是基准模型，并给出两个极端的例子；第二部分将模型扩展为一般化，并动态化；第三部分引入原有用户基础的假设，给出低质量模仿依然可能获得成功的理由。

7.1　基本静态模型

假设市场上存在在位厂商 I（Incumbent）、新进入厂商 E（Entrance），在位厂商所提供产品的质量是 QI，而新进入厂商的产品质量是 QE，我们认为产品质量是外生给定的，并令两者质量的比率为 Q=QE/QI①。市场上每期都有一批新的总人数为 n 的消费者进入，他们会在老产品和新产品之间进行选择②，并假定产品的效用会随着使用这款产品的其他消费者的人数增加而增加。令 c 表示兼容性，如果旧产品已经有 NI 个人使用，而新产品已经有 NE 个人使用，那么能够给新产品使用者带来网络外部性的总人数就是 NE+cNI，因为从新技术使用者的角度来看，是有这么多个人在使用新产品③。令消费者的效用为 UE：

如果选择了新技术，效用为 UE=u（QE，cNI+NE，cMI+ME）；

如果选择了旧技术，效用为 UI=u（QI，NI+cNE，MI+cME）

假设效用函数对于每个变量（质量 Q，以及网络外部性 N 和 M）都是单调递增的，其中 MI 和 ME 分别代表为旧平台和新平台设计互补产品的合作研发厂商数量，当然，如果该技术不具有平台特征，也即不具有间接网络外部性，该项就为 0。此时，消费者所需要考虑的问题就是应该购买新技术还是旧技术。假设 PI 和 PE 分别是在位产品和新产品的价格，那么当且仅当满足下式时，消费者才

---

① 正常情况下，QE>QI，因为在网络经济中后起技术一般比在位技术具有优势，所以 Q>1，但也有极端情况，在本书最后会提到某些具备原有用户安全基础的公司可能会在自己的技术尚未成熟之时利用用户优势用劣技术驱逐良技术，获得市场地位后再逐步改进自己的劣技术，达到超越。

② 这里假定已经有过购买行为的旧用户不再购买，只有新进入的消费者能够在新旧技术之间进行选择。

③ 这里对兼容性的处理方式，采用了 Shy（1999）的创新性设想。

会选择购买新产品：

u（QE，cNI+NE，cMI+ME）-PE>u（QI，NI+cNE，MI+cME）-PI

也即，如果选择新产品的效用大于选择旧产品的效用，消费者会选择新产品。一般情况下，QE>QI，但 cNI+NE< NI+cNE，且 cMI+ME< MI+cME，这和具体的函数形式及各变量的大小有关。

确定了消费者购买新产品的条件之后，需要对软件开发商的选择进行分析，假设在新产品平台下开发应用的成本为 CE，在旧平台下开发应用的成本为 CI。那么软件开发商会在 NE/CE>NI/CI 的情况下为新平台开发应用，而反之则继续为旧产品平台开发应用。此时，就得到了完整的技术拥有者即用户和互补软件开发者对新技术采纳的决策过程了，其中一个比较关键的因素是消费者的偏好形式，也就是效用函数的构造，这决定了消费者在产品质量上和网络外部性上是如何权衡的。为了更彻底地说明，这里给出两种极端的情形。

7.1.1 完全互补性偏好下的新技术选择模型

第一种情形是如果用户具有完全的互补性偏好，建立消费者效用函数如下：

UE = min｛QE，cNI+NE，cMI+ME｝

UI = min｛QI，NI+cNE，MI+cME｝

命题 1： 当消费者具有完全互补性偏好时，如果 c<1，那么新技术必定不会被采用，如果 c=1，新技术可能会被采用。完全互补条件下的无差异曲线如图 7-1 所示。

这一命题证明较为简单。如果稍作简化，可从图形上直观地看出，我们暂且不考虑间接外部性 M。从图 7-1 可以看出，当 c=1 时，消费者选择新产品和选择旧产品的效用差异只体现在质量 Q 的坐标轴上，采用新技术的消费者的无差异曲线不会比使用旧技术的消费者的无差异曲线更靠近原点，因此，新技术可能会被采纳。当 c<1 时，采用新技术的消费者的无差异曲线比采用旧技术的消费者

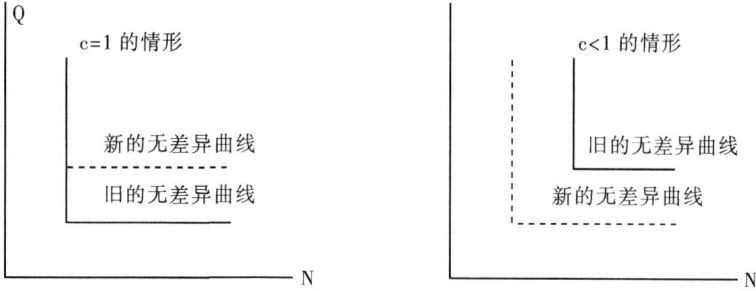

图 7-1　完全互补条件下的无差异曲线

的无差异曲线更靠近原点，效用水平明显更低，新技术不会被消费者采纳。因此，在完全互补的偏好特征下，新技术是不受欢迎的。

7.1.2　完全替代性偏好模型

第二种情形是用户具有完全的替代性偏好，建立消费者效用函数如下：

$$UE = QE + cNI + NE + cMI + ME$$

$$UI = QI + NI + cNE + MI + cME$$

命题 2：当消费者具有完全替代性偏好时，如果 $c=1$，那么新技术必定会被采用；如果 $c<1$，新技术被采纳与否要看质量优势是否超过网络效应的大小。完全替代偏好下的无差异曲线如图 7-2 所示。

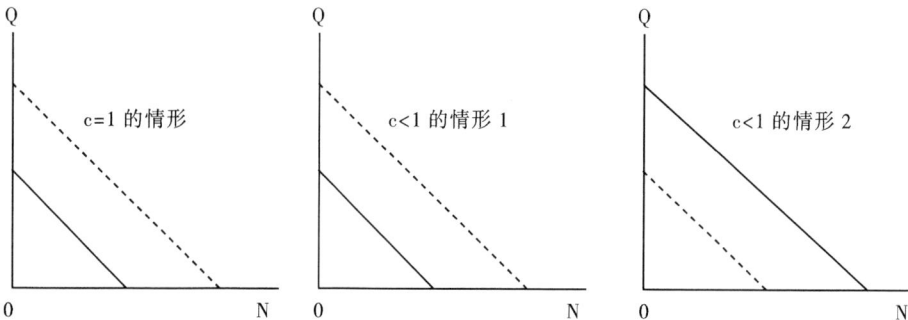

图 7-2　完全替代偏好下的无差异曲线

注：虚线表示使用新技术的无差异曲线水平，实线表示使用旧技术的无差异曲线水平。

同样，对消费函数稍加简化，去掉间接外部性一项，这样可以在平面上显示无差异曲线的形状。从图 7-2 中可以看出，当 $c=1$ 时，由于 $QE+NI+NE>QI+NI+NE$，所以新技术使用者的无差异曲线会比旧技术使用者的无差异曲线靠近右上方，新技术会被采纳。但当 $c<1$ 时，情况略微有点复杂，我们无法判断 $QE+cNI+NE$ 与 $QI+NI+cNE$ 的大小，若质量优势 $QE-QI$ 大于安装基础劣势 $(1-c)NI+(c-1)NE$，则新技术必定被采用，如果质量优势不足以抵消安装基础劣势，那么新技术就会被抛弃。

总结以上情况可以得出：具有较强互补性偏好的消费者较为保守，倾向于购买旧产品，维持旧技术的市场地位；而具有较强替代性偏好的消费者会倾向于购买新产品，关于新技术的采纳，具有替代性偏好的消费者是主力军[①]。

7.2 一般化的动态模型

7.2.1 模型假设及条件

一般化模型需要做出两个改变：首先需要改变的是将消费者效用函数一般化，这里采用常替代弹性效用函数（CES 效用函数），其次要将模型从一期拓展到多期，考虑一个离散时间点的环境，在每个时期 t，$t=1$，2，…，都会出现 N 个新消费者进入市场，有人会选择使用旧技术，有人会选择使用新技术，这时，每个变量下标都会增加时间标识 t。

---

① Shy（1999）假设新消费者会全体做出同样的选择，但本书让一部分人选择旧产品，一部分人选择新产品，且加上了间接网络外部性。在作图中，如果不做简化，会得到三维的无差异曲线。

$$U_E = \ln(q_E) + \alpha\ln(cN_{It} + N_{Et}) + \beta\ln(cM_{It} + M_{Et})$$

$$U_I = \ln(q_I) + \alpha\ln(cN_{It} + cN_{Et}) + \beta\ln(M_{It} + cM_{Et})$$

在考虑动态问题时，由于每种产品的用户和支持软件商的个数是在不断改变的，新进入的消费者会有一部分人选择加入新产品的消费人群，还有一部分会加入旧产品的消费人群，新旧产品的消费者人数会以某个趋势增长，所以，上一节的静态博弈会变成动态演化过程。

我们用 n_{Is} 和 n_{Es} 分别代表消费者预期在第 s 个时期消费旧产品和新产品的新增消费者人数，m_{Is} 和 m_{Es} 分别代表消费者预期在第 s 个时期为在位旧产品和新产品开发软件的新增开发商数量。令：

$$\dot{N}_{Is} = N_{Is} - N_{Is-1} = n_{Is}; \quad \dot{N}_{Es} = N_{Es} - N_{Es-1} = n_{Es}; \quad \dot{M}_{Is} = M_{Is} - M_{Is-1} = m_{Is};$$

$$\dot{M}_{Es} = M_{Es} - M_{Es-1} = m_{Es}$$

这时候，我们假定在每一期新增的消费者当中，选择新产品的比例为：

$$\pi_{Et} = \frac{\exp U_E}{\exp U_E + \exp U_I}①，选择旧产品的比例为：$$

$$\pi_{It} = \frac{\exp U_I}{\exp U_E + \exp U_I}$$

令 Q=QE/QI；将 UE 和 UI 代入上面的式子，就能得到：

$$\pi_{Et} = \frac{Q(cN_{It} + N_{Et})^\alpha(cM_{It} + M_{Et})^\beta}{Q(cN_{It} + N_{Et})^\alpha(cM_{It} + M_{Et})^\beta + (N_{It} + cN_{Et})^\alpha(M_{It} + cM_{Et})^\beta}$$

软件开发商选择平台是为了最大化它们的利润。如果他们进入市场是没有壁垒的，我们假定开发商的选择是基于产品的消费者个数 N_{it}（i=E，I）以及在每个平台上进行开发的成本② (Zhu 和 Iansiti，2012)，另外，我们还假定开发商比消费者更具有技术前瞻性，他们

---

① 由于序数效用的特点是经过单调变换不改变性质，所以这里为了计算方便，对函数进行指数化处理。

② 软件开发商在平台上运行的成本与产品对于消费者的"质量"类似，也可以看作该技术产品对于软件开发商一方的"质量"。

对于技术质量以及技术能否占领市场的预期要普遍强于消费者。

于是 $\dot{M}_{It} = m_{It} = \gamma N_{It}/F^2_I$ ； $\dot{M}_{Et} = m_{Et} = \gamma N_{Et}/F^2_E$

这里，γ 是一个常数系数，F_I 和 F_E 分别是在位技术和新技术对于开发商进行软件开发而言的成本。以上两个式子意味着一个平台的支持开发商数目，随着该平台的终端用户数量的增加而增加，而随着开发成本的增加而减少。令 $F=FE/FI$，它代表着新技术的相对技术优势。

一般情况下，在一个新技术替代旧技术的市场演化过程中，新技术具备质量优势（Q>1）和技术优势（F>1），但是旧技术具备安装用户优势（NE<NI），这时，新技术能否推广进而被采纳，以及被采纳的程度取决于哪些因素，就是我们要考察的重点。本书对于这一命题的研究使用了数值模拟的方法。首先，将上述公式归纳起来，得到了本书关于消费者人数和软件开发商数目的第一个动态演化模型：

$$\dot{N}_{Et} = n_{Et} = N \cdot \pi_{Et}$$

$$\dot{N}_{It} = n_{It} = N \cdot \pi_{It}$$

$$\dot{M}_{Et} = m_{Et} = \beta \cdot N_{Et}/F_E$$

$$\dot{M}_{Et} = m_{It} = \beta \cdot N_{It}/F_I$$

这是一个动态模型，无法算出均衡值，我们只能通过数值模拟的方式给每个参数赋值，并给变量的第 1 期赋予初始值，才能得出动态模型的演化过程。在变量数值选择时需要注意的是：①与事实相符：初始的用户数和开发商数，以及每期进入的用户数和开发商数，要保证一个恰当的比例，时期选择不能太长也不能太短[①]；②与假设

[①] 如果 T 值选择太短，则过度侧重短期分析，不能观察到技术扩散的结果；如果 T 值选择太长，过度侧重长期分析也使研究失去了意义，因为一个质量占优的技术最终必将占据市场是显然的事情。我们所关心的是能在多长时间内占领市场。

相符：新进入的技术具备质量和成本优势，但在位技术具有安装基础优势。

7.2.2　兼容性与市场份额

我们为在位技术和新技术分别取初始值：在位技术的消费者初始人数为 NI0=1000，新技术的消费者初始人数为 NE0=500，在位技术的开发商初始个数为 MI0=10，而新技术开发商的初始个数为 ME0=5。这是基于我们的假设：新技术进入初期在市场占有率方面的不对等。此外，设定每期进入市场的新消费者个数为 nt=10，每一期新进入市场的新消费者以 5%的比例递增；新技术的质量优势和成本优势都为 100%（Q=F=2）；系数 $\alpha = 0.5$，$\gamma = 0.001$；时期 T=300[①]，我们让 c 取 ［0，1］ 之间的不同数值，运用软件模拟得出以下结果（见表 7-1）：

表 7-1　兼容性不同的情况下新技术采纳情况

c	NI300	NE300	旧技术市场占有率（%）	新技术市场占有率（%）
1	168837	4421	33.52	66.48
0.9	171515	4282	32.44	67.56
0.8	174704	4126	31.18	68.82
0.7	178490	3933	29.69	70.31
0.6	182991	3719	27.92	72.08
0.5	188356	3462	25.80	74.20
0.4	194948	3145	23.21	76.79
0.3	202956	2765	20.05	79.95
0.2	212654	2318	16.23	83.77
0.1	224703	1756	11.48	88.52
0	238443	1146	6.07	93.93

NI0 = 1000，NE0 = 500，MI0 = 10，ME0 = 5，nt = 10（1+5%）t，Q = F = 1.2，b = 0.001，T = 300

命题 1： 在网络外部性下，若新技术具备质量优势，旧技术具

[①] 这里的 T 可以理解为天数，T=300 意味着我们观察一年内新技术的扩散情况。

备用户基础优势，在其他参数不变时，新技术最终占据的市场份额与兼容性成反比：新旧技术的兼容性越强，新技术的最终市场占有率越低；兼容性越弱，新技术的最终市场占有率越高（见图 7-3）。

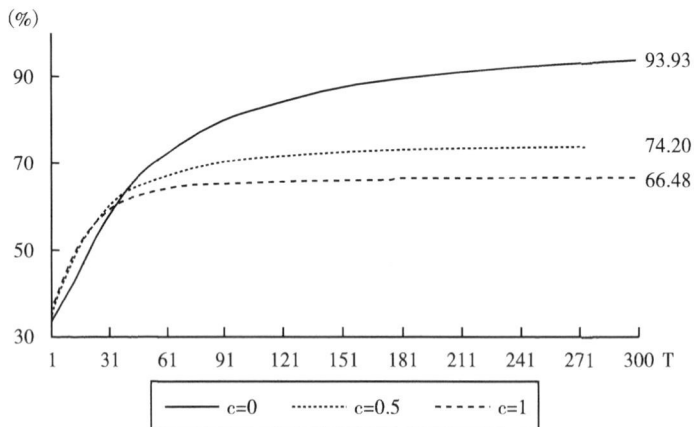

图 7-3　新技术质量占优时新技术市场占有率的演化过程

上述情况说明新进入技术的质量和成本占据优势（Q=F=2），显然，从图 7-3 中可以看出，在 300 期（1 年）内，新技术都可以在市场上达到占优（市场占有率超过 50%）；如果我们改变一下技术设定，让新进入技术占据质量和成本劣势（Q=F=0.5），会得到相反的结果①。由此我们得到：

命题 2：在网络外部性情况下，若旧技术具备用户基础优势，且新技术不具备质量优势，则在其他参数不变的情况下，新技术最终占据的市场份额与兼容性成反比：新旧技术的兼容性越强，新技术最终市场占有率越高；兼容性越弱，新技术的最终市场占有率越低（见图 7-4）。

命题 1 和命题 2 的结论似乎同大多数学者提出的假设不相符，

---

① 显然，新技术质量不占优的情况很少见，这里只是为了作为对照组阐述兼容性变量和质量变量之间的交叉关系，与下文中质量劣势仍然能占领市场的情况作对比。

有的学者认为新旧技术的兼容性越强，越有利于新技术的普及和采纳，因为，这时候用户在使用新技术时仍然可以和使用旧技术的用户在一定程度上兼容，这样会减少效用损失。但本书使用的是动态的方法，由命题 1、命题 2 得出的结论是：若新技术有质量优势，则最终第 300 期新技术的市场占有率同兼容性负相关；若在位技术有质量劣势，则最终第 300 期的新技术市场占有率同兼容性正相关，这同经典理论并不矛盾。在第 300 期，最终占领市场的都是质量领先的技术，此时，兼容性越大，越有利于质量不占优的非主流技术吸引少数消费者，若新技术质量占优，原在位技术就是非主流技术，此时新技术兼容性越高对原在位技术越有利；若旧技术质量占优，新技术就会成为非主流技术，新技术兼容性越高对其越有利。所以，也可以得出结论：在短期，技术开发商对于兼容性的选择取决于其市场占有率的大小，若其已经占领市场，应当选择不兼容；在长期，技术开发商对于兼容性的选择取决于其相对质量的高低，若自认为是质量占优的技术，则完全可以提高技术壁垒，不与旧技术兼容，最终可以获得最大份额的市场。

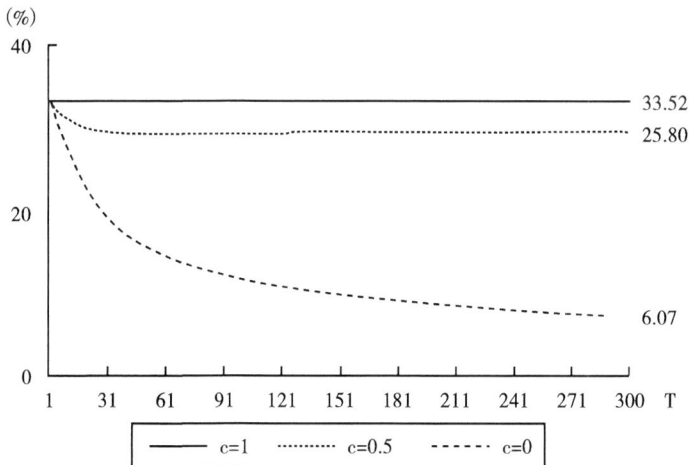

图 7-4　旧技术质量占优时新技术市场占有率的演化过程

经典理论认为兼容性越高，越利于新技术普及，这多指的是新技术扩散的初期，在图 7-3 中也可以看到，当 T 属于 ［0，30］ 之间，c=1 的虚线上升非常迅速，而 c=0 的实线上升很缓慢，但当超越某一个数值 P* 之后，前者的斜率开始趋缓，而后者的斜率开始变大，最后趋于稳定时的数值中后者居高。我们定义一个变量 t 表示技术占领市场的时间，t=T （Pet-1<50%，Pet>50%），也就是新技术达到 50% 市场份额所需要花费的天数。表 7-2 表示了当 Q=F=2 时，在 c 取 ［0，1］ 间不同数值时 t 的大小。如果完全兼容，新技术获得市场占有只需要 14 天，如果完全不兼容，则需要 22 天。

表 7-2　不同兼容性水平下新技术获得市场占有所需要的时间

c	1	0.9	0.8	0.7	0.6	0.5	0.4	0.3	0.2	0.1	0
t	14	15	15	15	16	16	17	18	19	20	22

命题 3：从长期来看，哪种技术能够占领市场完全取决于质量，质量标准越高的技术最终将占据较大的市场份额。

7.3　有用户基础的企业的市场进入分析

在提出网络外部性定义之后，应当指出间接网络外部性和直接网络外部性的差别：直接网络外部性指消费者的效用随着使用该技术标准的其他消费者数量增多而增大，而间接网络外部性指为该技术开发配套产品的厂商越多，则该技术对于其他消费者的效用越大①。显然，一个主要存在直接网络外部性的技术被采纳的过程与一个主要是间接网络外部性的技术被采纳的过程是不同的。前者更看重消费人数，因此，技术扩散易受到初始安装基础的影响，进入者不容

---

① 生产配套产品的厂商越多也就意味着互补性和兼容性产品在市场上越容易获得。

易打开在位者的市场[①]；而后者更看重开发厂商数量，显然，开发企业比消费者更能看出这个技术的应用前景，或者说，他们在预期其功能和价值时更具有前瞻性，所以，具有间接网络外部性的技术更看重质量优势。

假设新进入的技术厂商在另一个市场 M1 拥有客户资源 N0，且进入的市场 M2 与该市场存在某种用户关联度，进入者在 M2 的用户安装基础可以较为容易地转化为其在 M1 的用户安装基础[②]，客户资源每期会以一定的比例流入进入者的用户池中。

7.3.1　在直接网络外部性比较显著的情况下

如果进入者有自身的用户基础，能否占领市场要按消费者效用分为几种情况：一是直接网络外部性比较强，质量系数和间接网络外部性比较弱；二是质量系数比较大，网络外部性因素较弱；三是间接网络外部性比较强。

假设 N0=100，δ=1%，c=0.6，Q=F=0.5，α=β=0.4，η=0.2，我们得到 Pe 的演化路线如下（见图 7-5）：

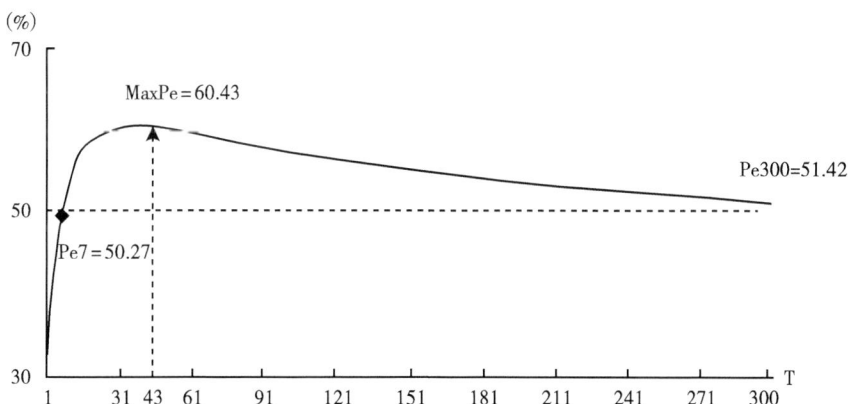

图 7-5　有关联用户基础的技术在质量不占优时仍然能占领市场

① 但也有一种特殊情况，如果携带关联用户基础的厂商试图进入前者技术，则更为容易，因为其原本携带。

② 这在网络型产业中很常见，如聊天工具的用户也会成为博客、微博的用户；网络电视的用户可能是潜在网络游戏平台用户；在机票预订网站注册的用户可能是潜在酒店预定网站或一日游出行网站的用户，凡是用户基础，通常都具有一定的市场关联度，只是按转化的难易，可以分为强关联度产业和弱关联度产业。

从图 7-5 中可以看出，虽然新进入技术不能给予消费者更高的效用，也不能节省配套设备开发商更多的成本，但是其凭借庞大的关联安装基础，能在短时期内（t=7）占领市场（市场占有率超过50%），并在第 43 期达到峰值（60.43%），随后趋于稳定，并有所下降，但最终仍然保持在 50% 的水平。上图描述了携带关联用户基础的公司进入市场的竞争优势，它们可以在前期技术实力不足时利用自身关联用户来打开市场，待市场地位确立之后再逐步提高技术水平，实现超越[1]。

命题 4：在存在相关用户基础的情况下，新进入市场能够在质量劣势的情况下占领市场。

为了说明庞大的相关用户基础能在多大程度上抵消质量劣势，我们对 c，Q 均在 [0，1] × [0，1] 中取值，得到 (c，Q) 的 110 组向量，做 110 次模拟，得到的结果如表 7-3 所示。

表 7-3   c 和 Q 取不同数值时新技术市场占有率的最终值和最大值

c	Q	0.1	0.2	0.3	0.4	0.5	0.6	0.7	0.8	0.9	1
0	Pe	18.67	26.50	32.35	39.03	46.88	50.84	57.53	61.70	65.11	68.12
	Max	50.58	51.89	56.50	57.65	56.60	59.01	62.25	64.68	66.74	68.87
0.1	PeT	28.01	34.13	39.66	44.63	49.03	53.00	56.42	59.36	61.99	64.15
	Max	49.64	52.38	54.70	56.77	58.56	60.57	62.28	63.85	65.44	66.73
0.2	PeT	32.41	37.89	42.47	46.45	49.88	52.95	55.67	57.90	59.92	61.57
	Max	51.29	53.86	55.91	57.76	59.24	60.83	62.36	63.47	64.64	65.51
0.3	PeT	35.52	40.50	44.39	47.67	50.47	52.94	55.06	56.87	58.45	59.84
	Max	52.55	55.00	56.84	58.41	59.74	61.12	62.26	63.19	64.05	64.82
0.4	PeT	37.85	42.42	44.51	48.56	50.89	52.91	54.63	56.13	57.43	58.58
	Max	53.52	55.87	56.92	58.91	60.10	61.27	62.19	63.02	63.68	64.32
0.5	PeT	39.68	43.89	46.86	49.25	51.21	52.89	54.33	55.58	56.68	57.64
	Max	54.33	56.53	58.09	59.39	60.37	61.36	62.16	62.86	63.45	63.99

---

[1] 本书的模型将质量水平 Q 和 F 看作恒定不变的，一般情况下 Q 和 F 会随着时间的推移有所变化。这一节所描述的情形类似于网络产业中大企业模仿小企业业态技术的竞争，虽然小企业具有先动优势和用户基础，但拥有关联用户基础的大企业一旦看中了该市场，就能够凭借影响力模仿并超越小企业。和以往文献不同的是，这种影响力来自于需求方，而不是来自于供给方的资金和技术实力。

续表

c	Q	0.1	0.2	0.3	0.4	0.5	0.6	0.7	0.8	0.9	1
0.6	PeT	41.17	45.06	47.71	49.77	51.45	52.88	54.10	55.16	56.09	56.91
	Max	55.00	57.09	58.53	59.70	60.58	61.43	62.12	62.74	63.27	63.72
0.7	PeT	42.40	46.02	48.40	50.20	51.66	52.88	53.93	54.83	55.63	56.33
	Max	55.56	57.59	58.93	59.95	60.77	61.51	62.12	62.64	63.12	63.51
0.8	PeT	43.44	46.82	48.96	50.56	51.83	52.89	53.79	54.57	55.26	55.87
	Max	56.07	58.00	59.25	60.18	60.91	61.56	62.13	62.57	63.00	63.35
0.9	PeT	44.33	47.50	49.44	50.86	51.97	52.90	53.68	54.36	54.96	55.50
	Max	56.53	58.37	59.52	60.36	61.04	61.63	62.10	62.54	62.90	63.22
1	PeT	45.11	48.08	49.85	51.11	52.10	52.91	53.59	54.19	54.71	55.18
	Max	56.92	58.69	59.79	60.54	61.18	61.67	62.11	62.47	62.82	63.10

注：PeT 表示第 300 期新技术占优的市场份额，Max 表示在整个过程中新技术占据市场份额最大的那一期的数值。

从表 7-3 和图 7-5 中可以看出，虽然 Q=F≤1，但 Pet 仍然有相当一部分的取值大于 50%[①]。PeT 随着 c 的增大而增大，但是和 c 的关系并不明确，是非线性关系，在 Q 很小的情况下，c 越大，PeT 越大；在 Q 很大的情况下，c 越大，PeT 越小。若是用计量软件 Stata 估计 PeT 同 c 和 Q 的关系时，可以得到如下关系式：

$$Pe = 0.26 + 0.2752c + 0.4094Q - 0.4231c \times Q$$

各个参数都显著，说明拟合效果较好。从参数值可以看出，c 每增大 0.1，新进入技术的市场最终占有率会提高 2.6%；Q 每增大 0.1，市场占有率会提高 4.1%，但 Q 每增大一个单位，会让 c 的系数减小 0.42。

7.3.2　在技术质量弹性系数比较显著的情况下

假设 N0=100，δ=1%，c=0.6，Q=F=0.5，α=β=0.1，η=0.8[②]，我们得到 Pe 的演化路线如图 7-6 所示，显然，其他参数没变，仅仅

---

① 在 110 次模拟的观测值中，有 67 个 PeT 大于 50%。
② 在这里我们将柯布—道格拉斯效用函数的系数做了调整，将 Q 对消费者效用的弹性增大，而将用户数量和配套软件商数量对消费者效用的弹性调小。

变化了消费者效用函数中的弹性值，新技术在初期占领市场一定份额之后已经无法稳固。

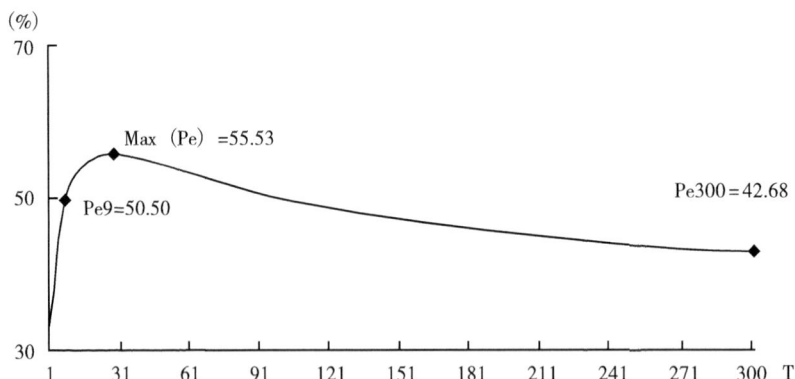

图 7-6 有关联用户基础的技术在质量劣势时无法稳固市场

和上一节相同，为了说明关联用户基础能抵消质量劣势的能力在不同的效用函数形式下有什么变化，我们取（c，Q）在［0，1］×［0，1］之间的 110 组向量，做 110 次模拟，得到的结果如表 7-4 所示。取值规律没有太多变化，但在每个（c，Q）值下，Pe300 都明显地变小。

表 7-4 c 和 Q 取不同数值时新技术市场占有率的最终值和最大值

c	Q	0.1	0.2	0.3	0.4	0.5	0.6	0.7	0.8	0.9	1
0	Pe	18.89	25.62	31.47	36.57	41.05	45.01	48.51	51.64	54.43	56.94
	Max	44.15	47.20	50.02	52.47	54.72	56.86	58.78	60.59	62.23	63.73
0.1	Pe	20.17	26.78	32.37	37.23	41.49	45.25	48.58	51.54	54.19	56.56
	Max	44.44	47.56	50.31	52.78	54.95	57.02	58.89	60.58	62.17	63.57
0.2	Pe	20.80	27.49	33.00	37.73	41.83	45.44	48.64	51.47	54.00	56.27
	Max	44.63	47.82	50.54	53.00	55.16	57.13	58.97	60.60	62.09	63.50
0.3	Pe	21.25	28.03	33.48	38.10	42.11	45.60	48.68	51.42	53.85	56.04
	Max	44.79	48.09	50.72	53.12	55.25	57.24	59.01	60.59	62.05	63.41
0.4	Pe	21.60	28.44	33.88	38.43	42.33	45.73	48.72	51.37	53.73	55.85
	Max	44.91	48.11	50.90	53.28	55.38	57.29	59.03	60.61	62.02	63.33
0.5	Pe	21.88	28.79	34.20	38.69	42.52	45.84	48.75	51.33	53.63	55.69
	Max	45.01	48.25	51.00	53.38	55.48	57.36	59.06	60.60	61.98	63.27
0.6	Pe	22.13	29.07	34.47	38.91	42.68	45.93	48.78	51.30	53.55	55.56
	Max	45.07	48.42	51.09	53.46	55.53	57.45	59.10	60.61	61.99	63.25

c	Q	0.1	0.2	0.3	0.4	0.5	0.6	0.7	0.8	0.9	1
0.7	Pe	22.34	29.32	34.70	39.10	42.82	46.02	48.81	51.27	53.47	55.44
	Max	45.11	48.47	51.21	53.55	55.59	57.45	59.12	60.60	61.98	63.20
0.8	Pe	22.52	29.54	34.91	39.27	42.94	46.09	48.83	51.25	53.41	55.35
	Max	45.21	48.54	51.29	53.63	55.67	57.45	59.15	60.61	61.94	63.18
0.9	Pe	22.69	29.74	35.09	39.42	43.05	46.15	48.85	51.23	53.35	55.25
	Max	45.25	48.59	51.34	53.68	55.73	57.45	59.15	60.61	61.93	63.14
1	Pe	22.84	29.92	35.26	39.56	43.14	46.20	48.87	51.22	53.30	55.18
	Max	45.31	48.66	51.42	53.75	55.78	57.45	59.16	60.61	61.91	63.10

从表 7-4 中可以看出，在 Q 弹性很大的情况下，若新技术的质量不如旧技术，即使新技术拥有相当庞大的关联用户基础，也很难通过模仿实现超越。从表中可以看出，在 110 次模拟中，当 Q≥0.8 时，33 个 Pe300 超过了 50%。如果用表 7-3 和表 7-4 的数据相差做比较，可以发现前者的百分比平均值比后者高了 8.32%，这说明在质量优先型产业中，拥有关联用户基础的新进入者想通过模仿实现超越是相对困难的。

7.3.3　在开发商弹性比较显著的情况下

假设 N0 = 100，δ = 1%，c = 0.6，Q = F = 0.5，α = 0.1，β = 0.8，η = 0.1[①]，我们得到 Pe 的演化路线如图 7-7 所示。

开发商弹性比较显著的情况和直接网络外部性比较显著的情况类似，原因是开发商的行动完全看上一期用户数量的多少，如果消费者偏重开发商的数量，其实也会向下传导到偏重消费者的数量。因此，第三种情况（开发商数量贡献弹性大）同第一种情况（用户基础对消费者效用贡献弹性大）是比较类似的。

---

① 在这里我们将柯布—道格拉斯效用函数的系数做了调整，将 Q 对消费者效用的弹性增大，而将用户数量和配套软件商数量对消费者效用的弹性调小。

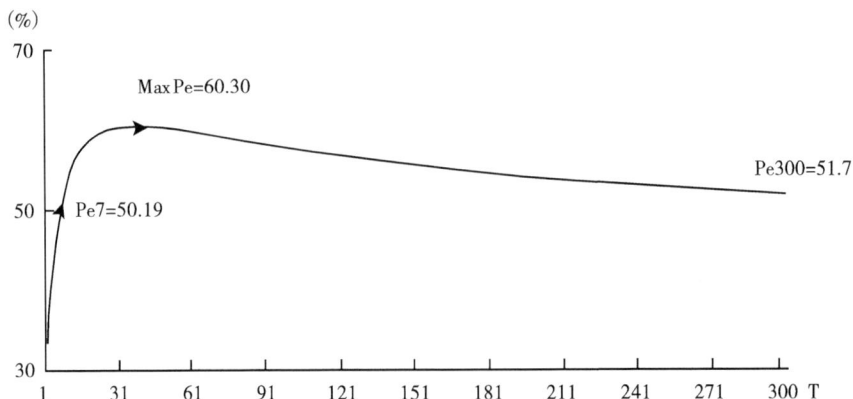

图 7-7　开发商弹性显著下的演化路径

7.4　结论与现实应用

新技术的采纳不仅要衡量网络外部性的大小，更要关注消费者偏好，即消费者效用函数的形式。具有较强互补性偏好的消费者会倾向于保守，购买旧产品，维持旧技术的市场地位；而具有较强替代性偏好的消费者会倾向于购买新产品，是采纳新技术的主力军。按照模型中效用函数的不同，可以将网络技术分为几种类型——用户驱动型、开发商驱动型和质量驱动型[①]。这对我们理解新技术企业进入市场的竞争行为和市场结果有重要的意义。如表 7-5 所示：

表 7-5　按照效用函数分类的网络技术

类型	描述	产品	案例
用户驱动型	消费者效用主要来自于其他使用该技术的其他消费者数量，而同该技术的质量和支持开发商数量没有太大关系	电话、电报、聊天工具、键盘、对战游戏平台、交友网站、SNS 交友平台	腾讯进入 SNS 交友平台成功 腾讯进入游戏平台成功 腾讯进入农场小游戏成功

---

① 这里的分类只是指相对重要性，例如，计算机操作系统，不但对支持配套开发商有一定的要求，也要求用户数量，但对支持配套开发商的要求相对更高。

类型	描述	产品	案例
开发商驱动型	消费者效用主要来自于支持开发商数量，如果将技术看作一个平台，关键看平台的供给方厂商数量	计算机操作系统、B2B 电子商务交易平台、视频网站、铁路、航空、网上音乐盒	腾讯进入视频网站失败 腾讯进入 B2C 电子商务失败 腾讯进入音乐盒成功
质量驱动型	消费者效用与用户数量以及支持开发商数量无关，而主要来自于技术质量	电子银行系统、安全软件、B2C 网上商城、移动通信网络	腾讯进入 B2C 商城正在进行 腾讯进入电脑安全领域失败 电信进入移动通信失败 移动进入有线网络失败

当市场是用户驱动型或开发商驱动型时，新技术由于不具有用户规模上的优势，其市场进入会受到非常大的阻力，除非技术质量占极大的优势，才能打开市场。这个时候，在位技术的拥有者最好的策略是在初期关闭兼容性，这样可以延缓新技术拓展市场的速度，而在后期放开兼容性，可以最终保留小部分惰性用户的市场份额。当市场是质量驱动型时，占技术优势的产品会很快占领市场，而不会受到在位用户不兼容竞争策略的"挤压"。

用户驱动型和开发商驱动型市场中，一般的情况是大企业模仿替代小企业。这往往是从小企业打开某个细分市场开始的，具体的过程是：小企业通过技术研发和市场创新开辟了一块新的业务，并且开始盈利①，当"蛋糕"越来越大时，外界开始逐渐对新市场的盈利前景有了更清晰的认识，此时，一个拥有庞大相关用户基础的企业会模仿小企业的架构和技术来争夺市场。最初，虽然大企业拥有较强的资金实力和规模优势，但由于其是后进入者，在技术上还达不到新企业的程度，因此，此时的 Q 是小于 1 的。如果大企业凭借其超强的转换自身用户到新市场的能力占领市场，那么这种替代就是非效率的，因为劣技术驱逐了良技术。从理论上我们可以看到，不论是用户驱动型市场，还是支持软件商驱动型市场，具备相关用

---

① 例如，开心网的开心农场，人人网的 SNS 交友平台。

户基础的企业都有能力利用用户基础压倒在位者。但是两者相比，应当是用户驱动型的市场更好被掠夺，而开发商驱动型市场，掠夺的时间要长一点，掠夺的代价要大一些。例如，腾讯公司的QQ农场模仿了开心农场，QQ游戏模仿了联众游戏大厅，这两个业务很快便打垮了竞争对手从而占领了市场。而腾讯拍拍模仿了淘宝网，QQ音乐模仿了酷我音乐盒，腾讯视频模仿了优酷、土豆等视频网站，这三次市场进入则有输有赢①，原因是这三个市场中，消费者的效用不完全取决于在线人数。在B2B电子交易平台中，消费者效用主要取决于卖家的数量，在音乐盒中，消费者效用取决于支持的歌曲的数量和种类，以及软件的质量；在视频网站行业中，消费者效用取决于视频发布者的数量。因此，从用户占有转变到支持者占有，需要一定的过渡时间，但从前面的模型来看，这两者是相通的。

质量驱动型市场与用户驱动型和开发商驱动型市场不同，大企业虽然具有大规模用户基础，但想模仿并获得这一块业务几乎是不可能的，因为在此类产品市场中，消费者极其看重产品的质量，而不是网络外部性②，在这样的市场中，只有质量占优的技术才能够得到采纳和普及。例如，腾讯公司试图模仿360软件管家，发布了一个腾讯医生，虽然腾讯公司凭借QQ的超大安装基础，利用弹窗的手段让很多用户在一夜之间装上了"QQ医生"，但后来逐渐被用户卸载，人们最终还是选择进入较早、技术质量较强的奇虎公司的产品。第二个例子是移动通信网络和计算机网络，由于各个移动公司之间的网络完全兼容，可以互相通话，所以，消费者在选择移动网络时只会考虑通信网络质量，而不在乎同时使用某个网络的消费者的数量。电信公司凭借超大的固话安装基础进军移动通信领域，

---

① QQ音乐已经成功占据一定市场份额，腾讯拍拍和腾讯视频基本无人问津。
② 这就类似于第一部分所说的完全替代型的消费者。

但无法取得市场领先。计算机网络也是一样，移动利用移动通信的超大关联安装基础进军有线网络领域，也难以获得领先。再如 B2C 网上商城，同 B2B 网上商城不同，B2C 不是一个平台技术，发货主要依靠商城自身进行，因此，消费者的效用不取决于在线人数，也不取决于卖家数量，而取决于商场采购上游产品的议价能力，以及整个业务架构的科学性，以保证买卖的快捷、顺畅和安全。因此，最近腾讯推出 EBUY 网上商城，想要倾尽全力进军电子商务领域，如果不在技术质量上超越京东商城，成功的可能性也是微乎其微的。

　　本章研究的不足之处是开发商的演化函数形式还不够精确和细致，仅仅假定它同前一期的用户数量呈正相关关系，与技术的使用成本呈负相关关系。如果进一步研究，应当尝试将开发商的函数转变为一般化的柯布—道格拉斯效用函数，并同质量相关联。这样可能会得到大家更加期待的结论，这对于区别用户驱动型市场和开发商驱动型市场有更大的作用。

第 8 章　网络外部性市场中的
技术创新模型

本章通过建立网络外部性下的消费者效用函数及企业利润函数，对拥有新技术的进入企业与使用旧技术的在位企业之间的竞争行为及结果进行了分析。首先考察了网络外部性、转移成本及兼容性对竞争的影响，其次对网络外部性下溢出效应、兼容性对企业创新的影响进行了分析。结果表明：①如果新进入企业采取与在位企业完全兼容的进入策略，则拥有新技术的高质量产品在竞争中将会占据优势地位。②当产品部分兼容或完全不兼容时，竞争结果主要取决于转移成本与产品质量差异度的相对大小。③新进入企业如果选择兼容性策略，不仅可以使得技术外溢的外部性问题减弱，而且可以在一定程度上借助在位企业已有的网络规模进入市场。

8.1　相关研究

在网络产业中，创新是永恒的主题，几乎所有的产品都处在快速的更新换代中，然而，并不是所有的创新都能够被采纳并在市场中得以扩散。事实上，有的技术创新快速得到推广而有的创新未能在与旧有技术的竞争中取得胜利，甚至是一些质量远远优于旧有技术的新技术由于最终没有被市场接纳而在还没进入市场时就已经被淘汰出局。Katz 和 Shapiro（1986）认为这是由于网络外部性的存在，即产品对消费者的价值会随着使用该产品消费者人数的增加而增加。网络外部性的存在使得消费者在选择一项技术时不仅要考虑到该技术的质量因素，而且要考虑到其已有用户规模的大小。一方面，新技术的用户规模与在位旧有技术相比较小，当其不能在一定时间内实现临界用户规模时[1]，即使其具有质量优势也不能吸引消费者从旧有技术的大用户规模中转移出来；另一方面，旧有技术企业会通过提高消费者的转换成本而对消费者加强锁定[2]，这就使得消费者不得不停留在旧有技术的使用上，从而导致新技术不被采纳。

　　Katz 和 Shapiro（1986）认为解决该问题的方法是给新技术提供一个"赞助商"并使其拥有新技术的产权（技术存在明晰的产权），这样新技术的供给者可以依靠"赞助商"进行投资并可以在技术投入市场的初期以极低的价格，如渗透定价的方式吸引一批消费者以快速实现临界规模，通过先发优势使该技术逐渐被市场采纳[3]。提出类似低价格策略观点的还有 Paul Klemperer（1987）、Joseph Farrell 和 Carl Shapiro（1988），他们通过分析转移成本对新技术采纳的影响，认为由于旧技术已经进入市场稳定期，会利用转换成本和锁定效应提高产品价格以弥补进入初期的低价损失，因此，旧技术企业的精力主要在维护已有网络的稳定上，而不会为了吸引新的消费者再次降低价格，这时新技术企业就可以利用低价格策略吸引新的消费者以积累用户规模，最终实现成功进入。Joseph Farrell 和 Garth Saloner（1986）认为新技术不被采纳的原因是早期用户要承受巨大

---

① 即实现成功进入所需的最低用户数量。

② 旧技术企业拥有大规模用户，也就拥有了较大的资源和信息，还有企业对老用户提供的一些优惠服务等，消费者选择新技术就会失去这些好处，并要付出时间和精力去重新学习使用新技术即学习成本，这些都是由于消费者转换使用新技术所产生的成本即转换成本。

③ 这些投资在技术稳定的后期可以通过大于边际成本的产品定价法收回。

的暂时不兼容成本，因此，即使新技术具有未来优势也不会被采用，市场仍停留在低效率的旧技术的使用上，这就出现了"超额惯量"的低效率现象。只有当新技术能够给第一个（或第一批）使用者提供旧技术无法提供的好处时，新技术才会被采用，并且新技术对后续用户的吸引力会随着用户的加入而增加，最后的均衡结果是新技术战胜旧技术并被市场采纳。但如果新技术被采纳过快，旧技术在还没有被充分利用、收回成本的情况下就被淘汰，将会造成社会的巨大浪费，即"超额冲量"现象；Shy（1996）首次从网络规模与产品质量对于消费者的替代程度出发考虑新技术采纳问题，将消费者效用函数纳入对网络技术采纳的考察，他发现具有不同偏好的消费者采纳新技术的激励因素是不一样的，将质量和网络规模看作可以替代的消费者会采纳新技术，而将质量和网络外部性看作互补品的消费者不会采纳新技术。Zhu 和 Iansiti（2012）将模型动态化，考察了间接外部性对网络平台采纳的影响，发现新技术的采纳还取决于网络效应的强度以及消费者贴现因子的大小。

随着近年来对该问题研究的不断深入，消费者的异质性、兼容性产品或互补性产品的可获得性等也逐渐被作为影响新技术采纳的因素考虑在内，如 Melnikov（2002）、Song 和 Chintagunta（2003）、Ryan 和 Tucker（2011）等都提出了由于消费者具有异质性，因此，并不是所有采纳新技术的消费者都能获得同等的好处，网络规模的扩大对某些消费者来说产生了收益，但对另外一些消费者并没有影响，如电话网络中新增加的用户对那些希望与这些新增加的用户取得联系的老用户来说是有益的，但对与这些新用户毫无关系的老用户来说几乎没有价值的增加。因此，厂商应该根据不同消费者的需求制定不同的吸引消费者加入新技术用户网络的激励方式以促进新技术尽可能得到较多消费群体的采纳。Dranove 和 Gandal（2001）、Karaca-Mandic Pinar（2003）等从间接网络外部性出发[①]，认为互补品及兼容性产品的可获得性对一项新技术的采纳具有重要影响，当市场上提供了丰富的互补品或兼容性产品时，新技术由于使用更方便而较易被采纳。

8.2 企业竞争行为中网络外部性、转移成本、产品兼容性的影响

8.2.1 模型假设及相关说明

首先是关于竞争企业假设。假设城市是长度为 1 的线性结构，拥有全部用户安装基础的在位企业 A 与拥有新技术产品的新进入企业 B 分别位于该线性城市的两端（企业 A 位于 q=0 处，企业 B 位于 q=1 处），它们分别向市场上的消费者提供旧产品 A 和新产品 B（由于产品 B 是新技术产品，所以在该模型分析中默认产品 B 的质量高于产品 A 的质量）。因此在位企业的竞争优势是强大的用户安装基础，而新进入企业的优势是新技术产品。为了集中分析网络外部性、兼容性以及转移成本对竞争策略选择的影响，模型中假设企业的成本为零。

其次是关于市场中消费者的假设。假设消费者在线性空间上以密度 1 进行均匀地分布且具有单位需求，消费者购买产品所获得的总效用分为两部分：基本效用和网络效用。基本效用是消费者从所购买的产品本身所得到的好处；网络效用是消费者从该产品的已有用户规模（用户安装基础）中所获得的好处。如果该产品的网络效应和用户规模越大，那么消费者获得的网络效用就越大。设购买产品 A 和产品 B 的基本效用分别为 u_A 和 u_B，网络效用分别为 αq_A、

---

① 间接网络外部性指与产品配套的产品生产商会随着该产品的普及而增多，多存在于平台型技术中。

αq_B，q 为消费者在线性空间上所处的位置，也代表了企业的市场份额。α 为网络外部性系数，$\alpha>0$。由于新产品质量一定高于旧产品质量，所以 $\Delta u = u_B - u_A > 0$。另外，消费者购买产品的单位运输成本为 t，那么位于市场位置为 q 的消费者购买产品 A 和产品 B 的运输成本分别为 tq 和 t(1 - q)。

由于企业 A 已经拥有全部用户安装基础，若消费者转移购买新产品将会损失掉已有的用户网络，产生转移成本，当网络外部性越强，消费者的转移成本越高，但是，若新产品与旧产品可以兼容，消费者在一定程度上还可以享受到旧的用户网络带来的好处，因此，转移成本和网络外部性强度正相关，和兼容性负相关。令转移成本为 $\gamma(\alpha - \beta)$，其中 γ 为消费者的转移系数[①]，表示消费者对转移购买的敏感程度，$\gamma > 0$，β 为两种产品的兼容度系数，$0 \leq \beta \leq 1$。

8.2.2　消费者效用函数与企业利润函数的构建

8.2.2.1　消费者选择的一般性分析

令消费者购买在位企业 A 和新进入企业 B 的产品所获得的效用分别为 u^A，u^B，那么根据模型已有假设，便可得到：

$u^A = u_A - p_A - tq + \alpha q + \alpha\beta(1 - q)$；$u^B = u_B - p_B - t(1 - q) + \alpha(1 - q) + \alpha\beta q - \gamma(1 - \beta)$

由此可以得出消费者购买无差异的位置 q^*，由 $u^A = u^B$ 给出：

$$q^* = \frac{p_B - p_A + (\gamma - \alpha)(1 - \beta) + t - \Delta u}{2(t - \alpha + \alpha\beta)} \tag{1}$$

这说明在市场上位置为 q^* 的消费者购买两种产品的效用是无差异的，而处于 q^* 左边位置的消费者购买产品 A 的效用大于购买产品 B 的效用，所以都会选择购买产品 A。同理，处于 q^* 右边位置的消

---

① 消费者转移购买一项新产品的成本不仅包括由兼容性和网络外部性带来的原有用户网络的损失，还包括重新学习使用新产品的学习成本、购买新产品的交易成本以及一些"老客户优惠"的损失，但为重点分析网络外部性与兼容性对消费者选择的影响，本书暂时不考虑转移成本中的学习成本、交易成本和机会成本。

费者都会选择购买产品 B。为便于说明，假设效用水平与消费者所处的市场位置存在线性关系，如图 8-1 所示，在 q^* 位置的消费者购买产品 A 和产品 B 的效用都为 $u^A = u^B = u^*$。在该位置左边任选一点 q_1，位于此位置的消费者购买产品 A、B 的效用分别为 u_1^A、u_1^B，并且 $u_1^A > u_1^B$，消费者会选择购买产品A。同样的道理，在 q^* 的右侧任选一点 q_2，位于该位置的消费者购买产品 A 和产品 B 的效用分别为 u_2^A、u_2^B，并且 $u_2^B > u_2^A$，消费者会选择购买产品 B。消费者选择的均衡分析如图 8-1 所示。

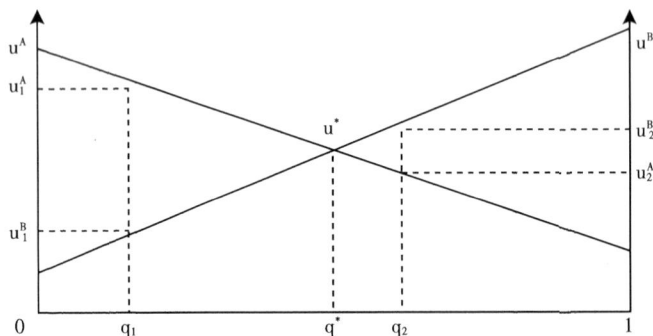

图 8-1　消费者选择的均衡分析

8.2.2.2　企业的利润函数及竞争结果

由以上的假设和分析结果可以得出在位企业与新进入企业的利润函数为：

$$\pi_A = p_A q_A = p_A \cdot \frac{(p_A - p_B) + (\gamma - \alpha)(1 - \beta) + t - \Delta u}{2(t - \alpha + \alpha\beta)} \tag{2}$$

$$\pi_B = p_B q_B = p_B \cdot \left(1 - \frac{(p_A - p_B) + (\gamma - \alpha)(1 - \beta) + t - \Delta u}{2(t - \alpha + \alpha\beta)}\right) \tag{3}$$

通过企业利润最大化我们可以得出 $\dfrac{d\pi_A}{dp_A} = 0$，$\dfrac{d\pi_B}{dp_B} = 0$，进而可以求得均衡条件下两企业的市场份额和市场价格：

$$p_A^* = \frac{1}{3}\left[(\gamma - \alpha)(1 - \beta) + t - \Delta u\right] + \frac{2}{3}(t - \alpha + \alpha\beta) \tag{4}$$

$$p_B^* = -\frac{1}{3}\left[(\gamma - \alpha)(1 - \beta) + t - \Delta u\right] + \frac{4}{3}(t - \alpha + \alpha\beta) \tag{5}$$

$$q_A^* = \frac{1}{3} + \frac{(\gamma - \alpha)(1 - \beta) + t - \Delta u}{6(t - \alpha + \alpha\beta)} \tag{6}$$

$$q_B^* = \frac{2}{3} - \frac{(\gamma - \alpha)(1 - \beta) + t - \Delta u}{6(t - \alpha + \alpha\beta)} \tag{7}$$

8.2.3 模型结果分析

可以分以下几种情况对模型的推导结果进行独立分析：

（1）当新产品与旧产品实现完全兼容的策略（$\beta = 1$）时的价格、市场份额及企业利润：

由式（2）、（3）、（4）、（5）、（6）、（7）可得：$p_A^* = t - \dfrac{\Delta u}{3}$，$p_B^* = t + \dfrac{\Delta u}{3}$，$q_A^* = \dfrac{1}{2} - \dfrac{\Delta u}{6}$，$q_B^* = \dfrac{1}{2} + \dfrac{\Delta u}{6}$，$\pi_A^* = (t - \dfrac{\Delta u}{3})(\dfrac{1}{2} - \dfrac{\Delta u}{6t})$，$\pi_B^* = (t + \dfrac{\Delta u}{3})(\dfrac{1}{2} + \dfrac{\Delta u}{6t})$，进一步可以得出：

$$\begin{cases} q_B^* - q_A^* = \dfrac{\Delta u}{3t} \\ p_B^* - p_A^* = \dfrac{2}{3}\Delta u \end{cases} \tag{8}$$

$$\begin{cases} \dfrac{dp_A^*}{d\Delta u} = -\dfrac{1}{3}, \quad \dfrac{dp_B^*}{d\Delta u} = \dfrac{1}{3} \\ \dfrac{dq_A^*}{d\Delta u} = \dfrac{1}{6t}, \quad \dfrac{dq_B^*}{d\Delta u} = \dfrac{1}{6t} \\ \dfrac{d\pi_A^*}{d\Delta u} = \dfrac{\Delta u}{9t} - \dfrac{1}{3}, \quad \dfrac{d\pi_B^*}{d\Delta u} = \dfrac{\Delta u}{9t} + \dfrac{1}{3} \end{cases} \tag{9}$$

从式（8）来看，由于 $\Delta u > 0$，所以 $q_B^* - q_A^* > 0$，$p_B^* - p_A^* > 0$。通过式（9）可以看出，随着产品质量差异的不断扩大，产品 A 的价格将会不断降低，市场份额也不断减少，但企业 B 的产品价格、市场份额和企业利润都会不断上升，这意味着企业 B 作为新进入企业，如果其产品质量比在位企业的产品质量高出很多，优势明显，那么企业 B 无论是在价格竞争中还是在市场份额的竞争中都占据优势地位，且这种竞争优势会随着 Δu 的增加而增加。分析可知：当新技术产品 B 选择与已有产品完全兼容时，由于其产品质量较高，一方面，购买新产品的消费者仍然可以保留在原有的用户网络中，并没有损失网络效用，且新产品与旧产品完全兼容，消费者购买新产品将会同时拥有两种产品的用户网络，这会带来网络效用的增加；另一方面，消费者在不损失原有用户网络的情况下享受到了比旧产品质量更高的新技术产品，基本效用得到提高，这样，消费者购买新技术产品会带来总效用的增加，即便新产品的价格较高，但总效用的增加足可以弥补价格上的损失，甚至还有剩余，当产品差异度越大，这种剩余就会越多，因此，消费者将会选择购买新产品。由此我们得出：

结论 1：如果新进入企业采取与在位企业完全兼容的进入策略，则拥有新技术的高质量产品在竞争中将会占据优势地位，在位企业的用户规模对新进入企业来说已不再构成进入壁垒。

（2）当新产品与旧产品完全不兼容（$\beta = 0$）时，价格、市场份额及企业利润如下：

$$p_A^* = t - \alpha - \frac{\Delta u - \gamma}{3}, \quad p_B^* = t - \alpha + \frac{\Delta u - \gamma}{3}, \quad q_A^* = \frac{1}{2} - \frac{\Delta u - \gamma}{6(t - \alpha)},$$

$$q_B^* = \frac{1}{2} + \frac{\Delta u - \gamma}{6(t - \alpha)}, \quad \pi_A^* = (t - \alpha - \frac{\Delta u - \gamma}{3})(\frac{1}{2} - \frac{\Delta u - \gamma}{6(t - \alpha)}),$$

$$\pi_B^* = (t - \alpha + \frac{\Delta u - \gamma}{3})(\frac{1}{2} + \frac{\Delta u - \gamma}{6(t - \alpha)})$$

$$\begin{cases} q_A^* - q_B^* = \dfrac{\Delta u - \gamma}{3(t - \alpha)} \\[3mm] p_B^* - p_A^* = \dfrac{2}{3}(\Delta u - \gamma) \end{cases} \tag{10}$$

$$\begin{cases} \dfrac{dp_A^*}{d\alpha} = \dfrac{dp_B^*}{d\alpha} = -1 \\[3mm] \dfrac{dq_A^*}{d\alpha} = \dfrac{\gamma - \Delta u}{6(t - \alpha)^2}, \quad \dfrac{dq_B^*}{d\alpha} = \dfrac{\Delta u - \gamma}{6(t - \alpha)^2} \\[3mm] \dfrac{d\pi_A^*}{d\alpha} = \dfrac{d\pi_B^*}{d\alpha} = \dfrac{(\Delta u - \gamma)^2}{18(t - \alpha)^2} - \dfrac{1}{2} \end{cases} \tag{11}$$

$$\left\{\begin{array}{l} \dfrac{dp_A^*}{d\Delta u} = -\dfrac{1}{3}, \quad \dfrac{dp_B^*}{d\Delta u} = \dfrac{1}{3} \\[3mm] \dfrac{dq_A^*}{d\Delta u} = -\dfrac{1}{6(t-\alpha)}, \quad \dfrac{dq_B^*}{d\Delta u} = \dfrac{1}{6(t-\alpha)} \\[3mm] \dfrac{d\pi_A^*}{d\Delta u} = -\dfrac{1}{3} + \dfrac{\Delta u - \gamma}{9(t-\alpha)}, \quad \dfrac{d\pi_B^*}{d\Delta u} = \dfrac{1}{3} + \dfrac{\Delta u - \gamma}{9(t-\alpha)} \end{array}\right. \tag{12}$$

$$\left\{\begin{array}{l} \dfrac{dp_A^*}{d\gamma} = \dfrac{1}{3}, \quad \dfrac{dp_B^*}{d\gamma} = -\dfrac{1}{3} \\[3mm] \dfrac{dq_A^*}{d\gamma} = \dfrac{1}{6(t-\alpha)}, \quad \dfrac{dq_B^*}{d\gamma} = -\dfrac{1}{6(t-\alpha)} \\[3mm] \dfrac{d\pi_A^*}{d\gamma} = \dfrac{1}{3} - \dfrac{\Delta u - \gamma}{9(t-\alpha)}, \quad \dfrac{d\pi_B^*}{d\gamma} = -\dfrac{1}{3} - \dfrac{\Delta u - \gamma}{9(t-\alpha)} \end{array}\right. \tag{13}$$

从式（10）来看，若 $\Delta u < \gamma$ 时，$q_B^* - q_A^* < 0$，$p_B^* - p_A^* < 0$。当产品差异度小于转移成本时，新技术产品 B 的价格会低于旧产品 A 的价格，并且当 $t > \alpha$ 时，企业 B 的市场份额小于企业 A 的市场份额，反之也成立。

通过以上对网络外部性、产品质量差异度以及转移成本进行的独立分析，可以得出各因素对消费者采纳新技术的作用：

首先是网络外部性的影响。从式（11）的结果可以看出，随着网络外部性的不断增强，两种产品的价格都会不断降低，对市场份额的影响要通过比较产品差异度与转移成本的相对大小来决定，当转移成本大于产品差异度时（$\gamma > \Delta u$），随着网络外部性的不断增强，企业 A 的市场份额会不断提高，而企业 B 的市场份额会不断降低，反之亦然。这是因为完全不兼容时，转移成本很大，当网络外部性越来越强的时候，一方面，消费者对原有的用户网络依赖性越强，转移成本也就越大，消费者越不愿意转移购买新产品，此时两个企业可能会展开价格竞争，价格竞争的结果是两家企业的价格都会越来越低；另一方面，消费者购买新产品所得到的高质量好处并不能弥补转移购买新产品而产生的转移成本时，消费者越容易被锁定在购买旧产品上，企业 A 的市场份额也会越高，企业 B 的市场份额越低。当 $\gamma < \Delta u$ 时，$q_B^* - q_A^* > 0$，$p_B^* - p_A^* > 0$，当转移成本可以由产品质量的提高所带来的好处弥补并还有剩余时，消费者会选择购买新产品，此时企业 B 可能通过自己比旧产品质量要高许多的新产品来吸引消费者，从而获得较大的市场份额，并且在"价格战"中占据优势地位。但是这种情况只是理论上的分析，在现实中实现的可能性不是很大，因为当完全不兼容时，转移成本很大，要弥补掉它并且还有结余，这需要的不是一般的质量提高，而是需要比原有产品质量要高出许多，这可能需要一项比已有技术要先进许多的新技术。虽然跳跃式创新也有可能发生，但由于创新需要人力、物力以及智力的投入，是一个慢慢积累知识的过程，需要反复试验才有可能获得成功，因此，现实中的创新多为渐进式创新，产品的更新换代一般建立在对原有产品进行升级或略有创新的基础上，所以，新旧产品之间质量差异一般不会特别大，也就是说 $\Delta u > \gamma$ 这个条件实现起来比较困难。如果当 $\Delta u = \gamma$ 时，也就是说产品质量上的提高刚好弥补了转移成本，消费者有可能会购买新产品，最后价格竞争的结果是企业 A 与企业 B 以相同的市场价格平分市场份额。

其次是产品差异度的影响。从式（12）中可以看出，产品质量差异度越大，产品 A 的市场价格越低，产品 B 的市场价格越高。当 t>α 时，产品质量差异度越大，企业 A 的市场份额越少，企业 B 的市场份额越高，反之也成立。而企业利润受产品差异度、网络外部性、转移成本以及运输成本等因素的综合影响。对该结果进行分析可知：在完全不兼容的条件下，如果产品差异度越大，对新进入企业 B 来说，就越能够用质量高这个优势吸引消费者，就越能够获得多的市场份额。当新产品质量足够高达到对消费者的强吸引力时，即使提高价格，也不会降低消费者的购买信心，因此，产品质量差异度越大，拥有新技术的企业就越有资本提高自己的价格。对企业 A 来说，新产品的质量越高，企业 A 无法在质量上进行竞争，只能选择降低价格，但是如果旧产品与新产品相比落后许多，并且当网络外部性与运输成本相比影响力较弱时，即使降低价格也不能挽回失去的客户，市场份额将会逐渐减少。

最后是转移成本的影响。随着转移成本的不断提高，锁定效应就越强，消费者就越不会选择购买新产品，旧厂商就越可以提高产品价格，新企业只能通过不断降低价格来吸引消费者。并且当 $t>\alpha$ 时，网络外部性因素的影响低于运输成本的影响时，企业 A 的市场份额将会随着转移成本的提高、用户被更加锁定而扩大。

结论 2： 当拥有新技术的企业的兼容策略完全不与在位企业兼容时，它们的竞争的最终结果要取决于产品质量差别与转移成本之差。当产品质量之差大于转移成本时，拥有新技术的新进入企业占据优势；当产品质量差与转移成本相同时，市场将会在同一价格下被平分；当产品质量差异度小于转移成本时，在位企业在竞争中具有竞争优势。

（3）部分兼容时（$0<\beta<1$）的价格、市场份额以及企业利润如下：

$$
\left\{
\begin{aligned}
p_A^* - p_B^* &= \frac{2}{3}\big[\gamma(1-\beta)-\Delta u\big] \\
q_A^* - q_B^* &= \frac{\big[\gamma(1-\beta)-\Delta u\big]}{3(t-\alpha+\alpha\beta)} \\
\pi_A^* - \pi_B^* &= \frac{2}{3}\big[\gamma(1-\beta)-\Delta u\big]
\end{aligned}
\right.
$$

（14）

$$
\left\{
\begin{aligned}
&\frac{dp_A^*}{d\gamma} = \frac{1}{3}, \quad \frac{dp_B^*}{d\gamma} = -\frac{1}{3} \\
&\frac{dp_A^*}{d\beta} = \alpha - \frac{\gamma}{3}, \quad \frac{dp_B^*}{d\beta} = \alpha + \frac{\gamma}{3} \\
&\frac{dp_A^*}{d\alpha} = \frac{dp_B^*}{d\alpha} = \beta - 1 \\
&\frac{d\pi_A^*}{d\beta} = 2\big(\alpha - \frac{\gamma}{3}\big)q_A^* - 2\alpha(q_A^*)^2, \quad \frac{d\pi_B^*}{d\beta} = 2\big(\alpha + \frac{\gamma}{3}\big)q_B^* - 2\alpha(q_B^*)^2
\end{aligned}
\right.
$$

显然，新进入企业 B 与在位企业 A 的竞争结果完全受转移成本和产品差异度的相对大小的影响。当转移成本 $\gamma(1-\beta)$ 大于产品差异度 Δu 时，消费者购买新产品得到质量上的提高所带来的好处不足以弥补其因转移出产品 A 的购买而产生的损失，因此，消费者没有转移购买的意愿，即便 A 产品提高价格，消费者还是愿意接受旧产品以避免转移成本的支付。因此，企业 A 在价格竞争中获得了优势，特别是当 $t > \alpha - \alpha\beta$ 时，在价格上占据优势地位也意味着可以获取比新进入企业较高的均衡利润水平，反之亦然。从式（14）中可以看出，随着消费者转移敏感度的增加，产品 A 的价格将会不断上升，产品 B 的价格将会不断下降。这是由于转移敏感程度越深，消费者转移去购买新产品的成本就越高，消费者就越愿意继续作为旧产品的忠诚客户，就越容易被锁定，γ 越大，这种锁定效应就越强，即便企业 A 提高价格，这些被锁定的用户也会接受。兼容性的影响刚好相反，随着兼容性的增强，企业 B 在价格竞争中会越来越有利，对企业 A 有可能是不利的（当 $\alpha < \frac{\gamma}{3}$），也可能是有利的（当 $\alpha > \frac{\gamma}{3}$），但即便是有利的，这种有利程度也低于对产品 B 的有利程度（即 $\alpha - \frac{\gamma}{3} < \alpha + \frac{\gamma}{3}$）。这是因为兼容度越大，消费者的转移成本越低，从而越能够被质量上提高带来的好处所弥补，甚至还有剩余，消费者就会越愿意接受高质量的新产品。网络外部性对产品 A 和产品 B 的影响是相同的，这说明作为网络企业，无论是在位企业还是新进入企业都受网络外部性的影响，并且兼容性越大，这种影响就越明显。而兼容性对企业利润的影响和企业价格、网络外部性以及转移敏感系数的综合作用有关。

结论 3：当产品部分兼容时，企业 A 与企业 B 的竞争均衡结果主要取决于转移成本与产品质量差异度的相对大小，当转移成本较大时，企业 A 在竞争中占据优势地位，反之亦然。

通过以上分析可以得出，网络外部性市场的企业创新竞争中由于存在网络效应和转移成本，在旧企业中（生产旧产品的在位企业）可能有"超额惯量"现象存在，也就是说市场上即使销售新技术产品，但消费者由于被锁定而继续购买旧产品，新技术产品不被消费者采纳。但是在兼容性战略选择中，在位企业选择与新产品有一定的兼容性并不是不合理的，虽然选择和新产品兼容能够在一定程度上降低消费者转移购买新产品的成本，有些消费者会转移购买新技术产品，但是这样的兼容也能够为生产旧产品的在位企业的网络规模带来兼容的网络效应，也就是在已有用户规模的基础上增加了一部分兼容性用户规模，这会增加旧产品的价值，从而可以再吸引和锁定一部分消费者。这样，新技术也可能会被采纳，也能够降低"超额惯量"现象发生的可能性。

8.3　网络外部性、溢出效应、兼容性对企业创新的影响

8.3.1　模型说明及构建

基于前一个模型的假设，将企业的创新行为因素增加进来，将分析重点转移到网络外部性和兼容性对企业创新的影响、企业创新行为对自身以及对手企业的影响上。在前一个模型中，消费者选择是一个重要因素，它对企业最终的市场份额、利润有着直接的影响，所以，分析过程中将影响消费者选择的主要因素考虑在内，从模型结果分析中可以看出最终决定消费者选择的是转移成本和产品差异度的相对大小，这也说明转移成本因素在分析消费者选择时是不可忽略掉的，但是在分析企业创新行为模型中，主要从企业即供给方角度出发来分析问题，模型的目的是想探究网络外部性市场中

的创新行为及影响，想要重点考察网络外部性、兼容性对创新的影响，因此，这一部分暂时将转移成本忽略，将消费者效用函数调整为：$u^A = u_A - p_A - tq + \alpha q + \alpha\beta(1-q)$，$u^B = u_B - p_B - t(1-q) + \alpha(1-q) + \alpha\beta q$，消费者购买无差异位置可以由 $u^A = u^B$ 得到：

$$q^* = \frac{p_B - p_A + t + \alpha(\beta - 1)}{2(t - \alpha + \alpha\beta)} \qquad (15)$$

这里仍然假定存在在位企业 A 以及新进入企业 B，企业 B 是创新企业。企业进行创新是希望通过创新降低企业的生产成本，因此，我们建立企业创新行为模型时需要将企业的成本因素考虑在内，同时考虑网络外部性市场中的企业创新的溢出效应，因此，假定企业的单位生产成本为：

$$c^A = c - \xi k_B$$

$$c^B = c - k_B$$

c^A、c^B 分别为企业 B 创新后的单位生产成本，企业 A、企业 B 创新前的边际成本是相同的，都为 c[①]，k_B 为企业 B 的创新成果，ξ 为创新的溢出效应系数，$0 < \xi < 1$，$0 \leqslant c^A$，$0 \leqslant c^B$。同时假定创新成本函数为 $\dfrac{rk_B^2}{2}$[②]，r 为创新系数，r 越大代表获取单位产品的成本减少所需要的创新投入就越多，同时满足 $r > \dfrac{(1-\xi^2)}{9(t + \alpha\beta - \alpha)}$ 以使得企业能够有唯一最优创新投入水平[③]。可以得出企业的利润函数为：

$$\pi_A = q_A[p_A - (c - \xi k_B)]$$

$$\pi_B = q_B[p_B - (c - k_B)] - \frac{rk_B^2}{2}$$

求得利润最大化条件下的均衡市场价格为：

---

① 由于要对创新前后的成本做比较，所以对新进入企业采用的生产技术也做新旧比较，将原有旧技术水平上的生产成本考虑在新进入企业的成本函数中以考虑新技术对企业生产成本的影响。

② 为满足边际收益递减规律，这里的创新成本函数与 A-J 模型相同。

③ 该条件是为了使在利润最大化条件下求得的最优创新投入水平 k_B^* 满足 $\dfrac{\partial^2 \pi^*}{\partial k^{*2}} < 0$，即边际收益递减规律。

$$p_A^* = t + \alpha\beta - \alpha + c - \frac{1}{3}\big[(1 + 2\xi)k_B\big]$$

$$p_B^* = t + \alpha\beta - \alpha + c - \frac{1}{3}\big[(2 + \xi)k_B\big]$$

代入利润函数可以求得利润最大化条件下的企业最优创新投入：

$$k_B^* = \frac{3(1 - \xi)(t + \alpha\beta - \alpha)}{9r(t + \alpha\beta - \alpha) - (1 - \xi)^2} \tag{16}$$

已知 $\dfrac{\partial^2\pi^*}{\partial k^{*2}} < 0$，因此 π 在 k^* 处取唯一最大值 π^*，将式（16）

代入以上各式可以求得两个企业的一组均衡解：

$$p_A^* = t + \alpha\beta - \alpha + c - \frac{(1 + 2\xi)(1 - \xi)(t + \alpha\beta - \alpha)}{9r(t + \alpha\beta - \alpha) - (1 - \xi)^2}$$

$$p_B^* = t + \alpha\beta - \alpha + c - \frac{(2 + \xi)(1 - \xi)(t + \alpha\beta - \alpha)}{9r(t + \alpha\beta - \alpha) - (1 - \xi)^2}$$

$$q_A^* = \frac{1}{2} - \frac{(1 - \xi)^2}{2\big[9r(t + \alpha\beta - \alpha) - (1 - \xi)^2\big]}$$

$$q_B^* = \frac{1}{2} + \frac{(1 - \xi)^2}{2\big[9r(t + \alpha\beta - \alpha) - (1 - \xi)^2\big]}$$

$$\pi_A^* = \frac{(1 - \xi)^2}{2}\left[1 - \frac{(1 - \xi)^2}{9r(t + \alpha\beta - \alpha) - (1 - \xi)^2}\right]^2$$

$$\pi_B^* = \frac{(1 - \xi)^2}{2}\left[1 + \frac{(1 - \xi)^2}{9r(t + \alpha\beta - \alpha) - (1 - \xi)^2}\right]^2$$

8.3.2　模型结果分析及企业策略选择

（1）创新企业的进入选择。由 $\pi_B^* > \pi_A^*$ 得出：

结论 1：当新进入企业作为创新企业进入市场时，它的利润比不创新企业也即在位企业的均衡利润高，因此，企业 B 会选择以新技术产品进入市场。

（2）企业的兼容性决策。从均衡解的结果可以得出 $\dfrac{dp_A^*}{d\beta} > 0$，

$\dfrac{d\pi_A^*}{d\beta} > 0$，即兼容程度对不创新的在位企业 A 均衡价格及均衡利润

的影响均为正，兼容程度越高，企业 A 的价格就越高，利润也越高。因此，企业 A 倾向于向创新企业兼容。对于创新企业 B，$\dfrac{dp_B^*}{d\beta} > 0$，$\dfrac{dq_B^*}{d\beta} < 0$，兼容性对企业 B 均衡价格的影响是正的，对其市场份额的影响却是负的，这时企业 B 的兼容性决策要根据这两种效应的综合影响来决定，当 $r > \dfrac{2(1-\xi)^2}{9(t+\alpha\beta-\alpha)}$ 时，企业的创新效率较低，$\dfrac{d\pi_B^*}{d\beta} > 0$，说明正效应起主导作用，这时兼容程度增加能够带来企业 B 市场利润的增加，企业 B 会倾向于兼容。当 $\dfrac{(1-\xi)^2}{9(t+\alpha\beta-\alpha)} < r < \dfrac{2(1-\xi)^2}{9(t+\alpha\beta-\alpha)}$ 时，企业的创新效率较高，$\dfrac{d\pi_B^*}{d\beta} < 0$，说明负效应起主导作用，这时兼容性越高，企业利润就越减少，企业 B 越倾向于不兼容。

结论 2：当新进入企业作为创新企业进入市场时，不创新企业即在位企业总是倾向于兼容，而创新企业的兼容决策由其创新效率决定，当创新效率较高时，企业倾向于不兼容，反之亦然。

（3）网络外部性、兼容性及溢出效应对创新投入的影响：

由式（16）可得到 $\dfrac{dk_A^*}{d\alpha} > 0$，$\dfrac{dk_A^*}{d\beta} < 0$，$\dfrac{dk_A^*}{d\xi} < 0$。首先看网络外部性的影响：从结果可以看出网络外部性对创新投入的影响是正的，网络外部性越强，企业创新时对创新的投入就越多，这也表明了网络外部性对企业创新投入有一定的激励作用。网络外部性越强，企业的用户规模对消费者来说就越重要，对于企业在争取更多的市场份额上就越有利，企业会更愿意增加创新投入以提高创新的成功率和先导性。通过新技术一方面可以降低生产成本；另一方面可以提高产品质量。无论是由于成本降低带来的价格降低，还是由于新技术的使用带来的产品质量的提高，对消费者来说都是具有吸引力的，这无疑会帮助企业增加用户规模，甚至当用户规模扩大到一定程度时，获得垄断地位以获取高额利润。其次是兼容性对创新投入

的影响：由 $\dfrac{dk_A^*}{d\beta} < 0$ 可知兼容性对创新投入的影响是负向的，兼容性越高，企业会觉得创新成功后与在位企业的兼容就越可能会减少它的安装基础，因此，创新企业的创新投入动力就减弱。最后是溢出效应的影响：由 $\dfrac{dk_A^*}{d\xi} < 0$ 可知溢出效应对创新投入的影响也是负的，溢出效应越大，企业创新的成果越容易被在位企业学习和模仿，这也会削弱创新企业的创新动力。

（4）网络外部性、兼容性及溢出效应对均衡价格的影响：

由前面得到的均衡价格解可以求得 $\dfrac{dp_A^*}{d\alpha} < 0$，$\dfrac{dp_B^*}{d\alpha} < 0$；$\dfrac{dp_A^*}{d\beta} > 0$，$\dfrac{dp_B^*}{d\beta} > 0$，这表明当一个企业创新时，网络外部性对创新企业与不创新企业均衡价格的影响是负的，兼容性对两企业均衡价格的影响正的。这也说明在网络外部性市场中，用户规模对一个企业发展的重要性，网络外部性越强、兼容性越弱，说明企业越希望拥有属于自己独立的更大的用户规模以吸引消费者和提升产品综合价值，因此，为了积累、维持和扩大用户规模，企业会降低价格以笼络更多的消费者加入到自己的安装基础内。$\dfrac{dp_A^*}{d\xi} > 0$，当 $0 < \xi < \dfrac{1}{4}$ 时，$\dfrac{dp_B^*}{d\xi} < 0$；当 $\xi > \dfrac{1}{4}$ 时，$\dfrac{dp_B^*}{d\xi} > 0$，溢出效应对创新企业均衡价格的影响是正的，当溢出效应相对较小时，对不创新企业均衡价格的影响是负的；当溢出效应较大时，对不创新企业的影响是正的。

8.4　总结

通过对模型的结果进行分析可知，溢出效应的存在会减少创新企业的创新投入，削弱创新动力，这样企业创新就很难实现最优的创新投入水平，而网络外部性的存在又要求企业进入市场需要满足最低用户规模，但是新进入企业由于没有市场基础，再加上由于"超额惯量"的存在使得新技术的推广变得异常困难，所以，一旦没有成功达到临界规模就很有可能以失败而告终。那么在创新过程中投入的成本和其他成本将无法得到补偿，给企业带来巨大损失，此时如果新进入企业选择与在位企业进行兼容，不仅可以使技术外溢的外部性问题减弱，而且可以在一定程度上借助在位企业已有的网络规模进入市场。另外，如果政府在政策上能够严格保护新进入企业的创新成果，那么也会在一定程度上遏制技术外溢，新进入企业也可以凭借自己的专利优势和高质量产品进入市场，但要根据自身优势的大小选择兼容策略。当新进入企业的创新优势给消费者带来的效用足以弥补消费者的转移成本时，可以选择不兼容，反之，可以选择兼容的进入策略以利用在位企业的用户规模迅速进行市场渗透。

第9章　结束语

9.1　本书总结

随着互联网技术的迅速发展，世界经济的运行方式发生了深刻的改变，走进千家万户的网络也以特殊的方式影响着人们的生活，无论是其丰富的内容还是多样化的服务都让人们感觉到网络已经成为工作和生活中必不可少的部分，它使得人们生活的方方面面，无论是学习、工作还是购物、娱乐，都更加快捷、舒适和有效，企业生产、分配、交换、消费各个环节同样也都离不开网络的支持。通过网络越来越多的人联系在一起，实现了资源共享，完成了信息传递，也正是由于网络经济是在计算机技术、通信技术、光线技术等快速发展下形成和发展起来的，它才呈现出与传统经济不同的运行规律和运行模式。它以知识、信息为核心资源，具备创新能力和创新速度，竞争与合作并存，交易双方的交易更加直接，打破交易的空间和时间限制使得全球经济一体化发展。也正是在这种网络经济背景下，网络企业应运而生，它不仅包括一些顺应经济形势而逐渐发展起来的新兴企业，还包括一些经过网络经济改造过的传统产业，但无论是哪种形式的网络企业都离不开技术创新的支撑。网络产业的形成和发展本身就是计算机技术、通信技术、光纤技术等多种技术发展的结果，因此，技术始终是网络产业发展的基石，技术创新则是网络经济繁荣发展的生命力和源动力。作为网络经济中的微观主体之一，网络企业也必须顺应技术创新的需要，不断努力创新，走在时代的前列，这样才能在市场中立于不败之地。但企业有了技术创新，掌握了高水平、高质量的技术或产品却并不意味着就一定能够在竞争中占据优势地位，这是由网络产品的网络外部性特征导致的。加入到一个特定网络中的用户越多，该网络中的用户就能获取更多的潜在对象提供的信息，无论是个人用户、企业用户还是政府用户，都能切身感觉到网络规模扩大带来的好处，这正是网络外部性的作用，由于这种好处是从网络规模逐渐扩大的不断加入的用户中获得的，也就是说是消费者自身产生的，因此，又称作消费者规模经济，这是区别于传统经济的。传统经济中，负反馈起支配作用。传统经济中的产业几乎都经历了正反馈的发展阶段，这源于生产的规模经济，但由于大组织管理的困难所导致的"X—非效率"使得产业的发展超过一定限度后，负反馈就开始起主导作用，这种作用使"强者趋弱，弱者趋强"，最终市场将会找到一个平衡点，而不是走向单级主宰的极端。网络经济中，网络外部性的存在使得产品对消费者的价值会随着使用该产品消费者人数的增加而增加，一方面，这会使得消费在做购买决策时往往会选择拥有较大用户规模的产品而不是小用户规模的产品，这又会使得大用户规模企业的用户规模更大，小用户规模企业的用户规模更小，新的消费者在面临选择时更会选择大规模用户的企业，这又会带来用户效用水平的提高，这就是网络产业中的需求方规模经济；另一方面，企业为了产品价值的提高也会制定相关稳定旧用户、吸引新用户的策略，以在原有基础上进一步扩大其产品的用户规模。用户规模逐渐扩大，产品的总价值逐渐提高，其产品对消费者的吸引力逐渐增强，消费者就更愿意选择该产品，这又会带来产品用户规模的扩大及产品价值的提高。由于网络产业中高固定成本、低边际成本的特征，用户规模的不断扩大同样会产生供给方规模经济。需求方规模经济和供给方规模经济的共同作用就产生了正反馈机制，它使"强者更强，弱者更弱"。

网络外部性市场中的正反馈作用是彻底的、贯穿竞争始终的，直至使市场走向单级主宰的程度。也正是由于这种"赢者通吃"的现象才使得赢得在位优势的企业较易利用其市场主导地位及优势资源采取稳定旧用户、吸引新用户的策略，因此，即便是市场上出现了新技术产品或服务，其用户由于面临较高的转移成本（如旧产品网络中的大用户规模，旧网络中的资源、信息，老用户优惠等）也不会轻易转换使用新产品，从而导致用户被"锁定"在旧技术产品或服务中及新技术产品或服务不被采纳的现象，也就是所谓的"超额惯量"，这也说明了并不是所有的创新都可以扩散进市场而被市场所采纳。

可以看出，由于网络外部性作用的存在，厂商的技术创新便呈现出一些特殊性，它使得消费者的效用函数中包含了网络规模的因素，从而使得新技术的采纳问题变得复杂起来了，厂商在其技术创新过程中也不得不将消费者需求因素和产品的用户规模因素考虑在内，并且还要考虑消费者偏好在网络规模与产品质量之间是替代型还是互补型的，针对有替代型偏好的消费者，厂商可以通过提高产品质量来弥补失去网络规模的损失，而对于有互补型偏好的消费者，企业不仅要提高产品质量，还要在短期内建立起一定的用户基础才能吸引消费者的加入，因此，需求方因素的影响是企业在技术创新和技术竞争过程中必须要考虑的关键。

网络效应除了为企业在技术创新和竞争过程中增加了需求方因素以外，还产生了对技术创新和竞争的阻滞，即转移成本和锁定、路径依赖。转移成本和锁定效应无疑将那些想采纳新技术的用户拦截在旧有技术网络中，而路径依赖的存在则有可能会导致技术过度标准化现象的发生，进而产生负效应，结果，一个产业最终有可能被锁定在非效率的标准之中。厂商在技术竞争过程中还面临着兼容性选择问题，兼容可以通过类似共同接受一个标准的联合决策来实现，也可以通过设备来实现产品之间的兼容。兼容虽然有助于网络规模的迅速扩大，但不当的兼容也会导致网络拥塞现象的发生，这就是所谓的网络"负外部性"，而且，兼容的实现也需要一定的协调成本和运作成本，因此，兼容策略的选择还需要以最优的有效规模的形成为目标。

厂商在互不兼容的条件下，其技术竞争主要体现为标准的竞争，标准竞争的结果使得技术符合统一的规范，这可能会导致垄断。当行业中的技术都统一为一个标准时就是所谓的标准化了，标准化在一定程度上能够增加网络效应的强度，如果消费者偏好于网络外部性作用时，也即网络效应对于消费者来说尤为重要时，厂商通过生产符合产业标准的产品来吸引消费者则是聪明的做法，这也是为什么技术竞争中的胜利者一般是那些建立了广泛的支持产品和跟随者网络的厂商。另外，标准化会使得不同标准之间的竞争转化为同一标准内部的竞争，这种竞争类似同质产品之间的竞争，但在以技术为支持的科技产品的竞争中，企业常常会为了追求技术产品的差异化而产生技术创新行为，这样的创新可能是在原有技术基础之上的升级或与原有技术兼容的新产品，即渐进式创新，也可能是在原有技术基础之上实现了重大突破的剧烈式、跳跃式创新，后者会带来新的技术竞争，从而再次走向新的标准化。

9.2　本书不足与研究展望

本书针对网络外部性市场中企业的技术竞争和创新问题进行了研究，网络经济的发展要求网络经济中的微观主体即网络企业要适应其发展方式和技术进步的要求，必须不断创新才能持续发展。网络企业作为与传统产业相比更具有创新能力和创新意识的企业形式，为了在技术竞争中获胜，往往很注重研发投资，也正是由于创新行为需要花费很大的人力、物力，一旦技术研发成功，最重要的是能否推向市场，否则不仅不能获得收益，还有可能成本无归。因此，在技术创新过程中要考虑新技术或新产品的市场采纳前景。网络外部性的存在使得一项技术或一种产品能否被采纳不仅取决于技术或产品的质量，还取决于该技术或产品的用户规模，其他因素如转移成本和兼容性也是影响消费者决策的关键因素。根据具有不同偏好的消费者，企业在技术竞争中应该如何把握自身形势，通过制定相关策略，如产品升级、产品多样化等提高产品质量和功能的策略、提供优惠和提高转移成本的锁定策略、扩大可连接设备范围的兼容性策略、影响消费者选择的创新预告策略等帮助企业在技术竞争的过程中取得胜利。而针对在位企业的一些锁定策略，拥有新技术的企业也可以采取一些弥补消费者损失的反锁定策略，如提高产品质量和技术水平、与在位产品或技术兼容的策略等来促进其市场进入的成功。

本书的研究结果也是在已有研究基础上所取得的，网络外部性市场中企业的技术创新和竞争问题也是网络经济发展中不可忽略的重要方面，网络经济呈现出与传统经济不同的特征和运行方式，改变了市场经济的运行规律，也打破了竞争的传统格局，企业生命周期和竞争方式、创新行为都发生了改变，所以，研究的背景、方式、意义、方法均发生了深刻的变化。以往用于传统经济研究的方式和研究结论已经不能够完全对新经济条件下出现的问题和现象进行解释和说明，当理论与现实发生脱节时，理论就需要得到丰富和扩展了，本书虽然也在积极探索多种研究方法来研究提出的问题，运用了博弈论、案例分析、数理分析以及比较分析的方法，但始终未找出超越现有研究方法的，能够更合理、更深刻、更全面、更清楚地说明问题和更有力地分析问题的研究方法，这与本书写作之前的研究设想有一定的距离，同时也是本书第一个不足之处。

虽然在研究进行之前，针对所研究的问题笔者将国内外有关的已有研究进行了系统综述，但受个人判断能力和资源获取途径的制约，尚有一些没有整理到的文献，尤其是在此方面研究起步比较早的国外的一些研究，这对本书的撰写和研究的进行有一定的影响，这是本书的第二个不足，这也是在以后的研究中需要扩展和完善的地方。因为，研究一个问题首先必须十分清楚该问题的已有研究情况和研究发展程度，只有明白了已有研究进行的阶段、已经解决的问题、尚未解决的问题及需要解决的问题，才能更好、更有效地开展研究，这样有针对性的研究才能得出有意义的结论，同时也能解决相关问题，丰富和扩展已有的理论，才有可能实现方法上和理论上的创新。

第三个不足之处是在利用市场份额演化的方法对网络外部性市场中的技术竞争的研究过程中，对开发商的演化函数形式还不够精确和细致，仅仅假定它同前一期的用户数量正相关，与技术的使用成本负相关，不具有一般性。如果进一步研究，应当尝试将开发商的函数转变为一般化的柯布—道格拉斯效用函数并同质量相关联。这样可能会得到更加令人期待的结论，这对于区别用户驱动型市场和开发商驱动型市场有更大的作用。

9.3　结束语

随着网络经济的高速发展，网络外部性下的企业技术创新和竞争问题显得尤为重要，企业和消费者作为市场经济中的微观主体，他们的行为直接影响着经济发展的趋势，影响着技术进步的速度，也影响着市场运行的绩效。本书围绕企业的竞争和创新问题，结合技术经济学、博弈论等相关理论基础对其进行了理论上的梳理和分析，并对网络外部性市场中各种技术创新和竞争行为的影响因素（网络规模、技术或产品质量、兼容性、转移成本和锁定、技术外溢）及结果展开了探讨。当然，在本书中不可能将技术创新和竞争的所有方面都进行详细的分析，还有许多问题需要进行后续的深入研究。但是，对于网络外部性条件下技术创新和技术竞争的研究不能仅局限于理论的探讨，在新经济所面临的新环境下，要高瞻远瞩地预见技术发展的强大趋势和技术创新的源动力作用，以及由此而不断出现的企业行为问题，它们将会给企业的策略选择带来新的挑战，同时也带来新的机会。技术创新和竞争理论是应用性很强的学科，所以关于企业技术创新和竞争以及策略的讨论不能只停留于纯学术的或理性思辨的层面上。因此，未来的研究需要在已有理论成果的基础上构建一个系统的、全面的、完整的理论框架，同时还要兼顾研究内容的前瞻性以及理论的实用性和创新性，这需要在以后的研究中通过不断的努力去逐渐完成。

参考文献

［1］Abernathy W. J., Clark K. B. Innovation: Mapping the Winds of Creative Destruction ［J］. Research Policy, 1985, 14 (1).

［2］Abernathy W. J., Wayne K. Limits of the Iearning Curve ［J］. Harvard Business Review, 1974, 52 (5).

［3］Allen B. Some Stochastic Processes of Interdependent Demand and Technological Diffusion of an Innovation Exhibiting Externalities among Adopters ［J］. International Economic Review, 1982.

［4］Arrow K. Economic Welfare and the Allocation of Resources for Invention ［A］//R.R.Nelson. The Rate and Discretion of Inventive Activity ［M］. Princeton: Princeton University Press, 1962.

［5］Artle R., Averours C. Telephone System as a Public Good: Static and Dynamic Aspects ［J］. Bell Journal of Economics, 1973 (4): 98–116.

［6］Augereau A., Greenstein S., Rysman M. Coordination vs. Differentiation in a Standards War: The Adoption of 56K Modems ［J］. The RAND Journal of Economics, 2006, 37 (4).

［7］Balcer Y., Lippman S. A. Technological Expectations and Adoption of Improved Technology ［J］. Journal of Economic Theory, 1984, 34 (2).

［8］Barrie R. Nault, Albert S. Dexter. Adoption, Transfers, and Incentives in a Franchise Network with Positive Externalities ［J］. Mar–

keting Science, 1994, 13（4）.

［9］Beggs A., Klemperer P. Multi-period Competition with Switching Costs［J］. Econometrica: Journal of the Econometric Society, 1992, 60（3）.

［10］Belleflamme P. Adoption of Network Technologies in Oligopolies ［J］. International Journal of Industrial Organization, 1998, 16（4）.

［11］Belleflamme. R&D Cooperation or Competition in the Presence of Cannibalization ［J］. Working Paper Series, 2000.

［12］Bensen Stanley M., Joseph Farrell. Choosing How to Compete: Strategies and Tactics in Standardization ［J］. Journal of Econmic Perspectives, 1994（8）.

［13］Brock Gerald W. The U.S. Computer Industry: A Study of Market Power ［M］. Cambridge, MA : Ballinger, 1975.

［14］Buskulic D., Casper D., De Bonis I., Palma et al. Performance of the ALEPH Detector at LEP ［J］. Nuclear Instruments and Methods in Physics Research Section A: Accelerators, Spectrometers, Detectors and Associated Equipment, 1995, 360（3）.

［15］Cabral L., Riordan M. H. The learning Curve, Predation, Antitrust, and Welfare ［J］. The Journal of Industrial Economics, 1997, 45（2）.

［16］Chih-Chien Wang, Shao-Kang Lo, Wenchang Fang .Extending the Technology Acceptance Model to Mobile Telecommunication Innovation: The Existence of Network Externalities ［J］. Journal of Consumer Behaviour, 2008（7）.

［17］Choi J. P. Network Externality, Compatibility Choice, and Planned Obsolescence ［J］. The Journal of Industrial Economics, 1994, 42（2）.

［18］Choi J.P. Irreversible Choice of Uncertain Technologies with

Network Externalities [J]. RAND Journal of Economics, 1994 (25).

[19] Chou C., Shy O. Partial Compatibility and Supporting Services [J]. Economics Letters, 1993 (41).

[20] Chou C., Shy O. Network Effects without Network Externalities [J]. International Journal of Industrial Organization, 1990, 8 (2).

[21] Chow. Technological Change and the Demand for Computers [J]. American Economic Review, 1967, 57 (5).

[22] Church J., Gandal N. Strategic Entry Deterrence: Complementary Products as Installed Base [J]. European Journal of Political Economy, 1996, 12 (2).

[23] Church J., N. Gandal. Complementary Network Externalities and Technological Adoption [J]. International Journal of Industrial Organization, 1993 (11).

[24] Church J.N. Gandal. Systems Competition, Vertical Merger, and Foreclosure [J]. Journal of Economics & Management Strategy, 2000 (9).

[25] Cohen W. M., Klepper S. Firm Size and the Nature of Innovation within Industries: The Case of Process and Product R&D [J]. The Review of Economics and Statistics, 1996, 78 (2).

[26] Dasgupta P., Stiglitz. Uncertainty Industrial Structure, and the Speed of R&D [J]. The Bell Journal of Economics, 1980, 11(1).

[27] David P. A., Steinmueller W.E. Economics of Compatibility Standards and Competition in Telecommunication Networks [J]. Economics of Innovation, New Technology, 1994 (6).

[28] David P.A.Clio and the Economics of QWERTY [J]. American Economic Review, 1985 (75).

[29] De Bijl P. W. J., Goyal S. Technological Change in Markets with Network Externalities [J]. International Journal of Industrial Orga-

nization, 1995, 13（3）.

［30］Deishin Lee, Haim Mendelson. Adoption of Information Tech-nology under Network Effect ［J］. Information System Research, 2007, 8（4）.

［31］Demsetz Harold. Why Regulate Utilities ［J］. Journal of Law and Economics, 1968（11）.

［32］Denicolo V. Patent Races and Optimal Patent Breadth and Length ［J］. The Journal of Industrial Economics, 1996, 44（3）.

［33］Donoghue T. A Patentability Requirement for Sequential Innov-ation ［J］. The RAND Journal of Economics, 1998, 29（4）.

［34］Donoghue T., Scotchme S., Thisse J. Patent Breadth, Patent Life, and the Pace of Technological Process ［J］. Journal of Economics and Management Strategy, 1998（7）.

［35］Dranove D., Gandal N. Surviving a Standards War: Lessons Learned from the Life and Death of DIVX ［M］. Social Science Elec-tronic Publishing, 2003.

［36］Economides N. Desirability of Compatibility In The Absence of Network Externalities ［J］. The American Economic Review, 1989, 79（5）.

［37］Economides N. The Economics of Networks ［J］. International Journal of Industrial Organization, 1996（14）.

［38］Economides N., Himmelberg C. Critical Mass and Network Size with Application to the US FAX Market Discussion Paper ［R］. Stern School of Business, New York University, 1995.

［39］Economides N., Lawrence J.W. One－way Networks, Two－Way Networks, Compatibility, and Public Policy ［J］. SSRN Working Paper Series, 1994.

［40］Economides Nicholas, Fred Flyer. Compatibility and Market

Structure for Network Goods〔R〕. Discussion Paper EC-98-02, Stern School of Business, N. Y. U., 1998.

〔41〕 Eirik Gaard Kristiansen. R&D in the Presence of Network Externalities: Timing and Compatibility〔M〕. Bergen-Sandviken, 1996.

〔42〕 Farrell J., Katz M. L. Competition or Predation: Schumpeterian Rivalry in Network Markets〔R〕. Schumpeterian Rivalry in Network Markets (August 2001). UC Berkeley Competition Policy Center Working Paper, No. CPC01-23, 2001.

〔43〕 Farrell J., Saloner G. Installed Base and Compatibility: Innovation, Product Preannouncements, and Predation〔J〕. The American Economic Review, 1986 (76).

〔44〕 Farrell J., Saloner G. Standardization and Variety〔J〕. Economics Letters, 1986, 20 (1).

〔45〕 Farrell J., Shapiro C. Dynamic Competition with Switching Costs〔J〕. The RAND Journal of Economics, 1988, 19 (1).

〔46〕 Frank Vercoulen, Marc Van Wegberg. Standard Selection Modes in Dynamic, Complex Industries: Creating Hybrids between Market Selection and Negotiated Selection of Standards〔R〕. NIBOR, Working Paper, 1998.

[47] Gabor Andre. A Note on Block Tariffs〔J〕. Review of Economic Studies, 1955 (23).

[48] Gallini N. Patent Policy and Costly Imitation〔J〕. The RAND Journal of Economics, 1992, 23 (1).

[49] Galtini N., Kotowitz Y. Optima R&D Processes and Competition〔J〕. Economica, 1985, 52 (207).

[50] Gandal N. Hedonic Price Indexes for Spreadsheets and Empirical test for Network-externalities〔J〕. Rand Journal of Economics, 1994, 25 (1).

[51] Gandal N., Greenstein S., Salant D. Adoptions and Orphans in the Early Microcomputer Market [J]. The Journal of Industrial Economics, 1999, 47 (1).

[52] Gandal N., Shane Greenstein, David Salant. Adoptions and Orphans in the Early Microcomputer Market [J]. The Journal of Industrial Organizatioan, 1995.

[53] Gautam Gowrisankaran, Joanna Stavins. Network Externalities and Technology Adoption: Lessons from Electronic Payments [J]. The RAND Journal of Economics, 2004, 35 (2).

[54] Gilbert R., Sharpiro C.Optimal Patent Length and Breadth [J]. The RAND Journal of Economics, 1990, 21 (1).

[55] Green J., Scotchmer S. On the Division of Profit in Sequential Innovation [J]. The RAND Journal of Economics, 1995, 26 (1).

[56] Greenstein S., Downes T. Do Commercial ISPs Provide Universal Access [C]. Competition, Regulation and Convergence: Current Trends in Telecommunications Policy Research. Lawrence Erlbaum Associates, 1999.

[57] Heidrun C. Hoppe. The Timing of New Technology Adoption: Theoretical Models and Empirical Evidence [J]. The Manchester School, 2002, 70 (1).

[58] Hirshleifer J., Glazer A. Price Theory and Applications [M]. Cambridge University Press, 2005.

[59] Hunt R.Patentabiliy, Industry Structure, and Innovation [J]. The Journal of Industrial Economics, 2004, 11 (3).

[60] Jay Pil Choi, Marcel Thum. Market Structure and the Timing of Technology Adoption with Network Externalities [J]. European Economic Review, 1998 (42).

[61] Jay Pil Choi. Irreversible Choice of Uncertain Technologies

with Network Externalities [J]. The RAND Journal of Economics, 1994, 25 (3).

[62] Jeong-Yoo Kim. Product Compatibility and Technology Innovation [J]. International Economic Jounal, 2000, 14 (3).

[63] Joseph Farrell, Carl Shapiro. Dynamic Competition with Switching Cost [J]. The RAND Journal of Economics, 1988, 19 (1).

[64] Joseph Farrell, Garth Saloner. Installed Base and Compatibility: Innovation, Product Preannouncements and Predation [J]. American Economic Review, 1986, 76 (5).

[65] Karaca-Mandic P. Network Effects in Technology Adoption: The Case of DVD Players [D]. University of California at Berkeley, 2003.

[66] Katz M. L., Shapiro C. Product Introduction with Network Externalities [J]. Journal of Industrial Economics, 1992, 40 (1).

[67] Katz. Shapiro. Technology Adoption in the Presence of Network Externalities [J]. Journal of Political Economy, 1986.

[68] Kevin Zhu, Kenneth L. Kraemer, Vijay Gurbaxani and Sean Xin Xu. Migration to Open-standard Interorganizational Systems: Network Effect, Switching Cost, and Path Dependency [J]. MIS Quarterly, Special Issue on Standard Marking, 2006 (8).

[69] KIemperer P. D. Competition when Consumers have Switching Cost [J]. RAND Journal of Economics, 1987 (18).

[70] KIemperer Paul. Entry Deterrence with Switching Costs [J]. Economic Journal, 1987 (97).

[71] Klein B. H. Dynamic Economics [M]. Cambridge, MA: Harvard University Press, 1977.

[72] Klemperer P., Meyer M. Price Competition vs. Quantity Competition: The Role of Uncertainty [J]. The RAND Journal of

Economics, 1986, 17 (4).

[73] Klemperer P., Meyer M. Supply Function Equilibria under Uncertainty [J]. Econometrica, 1989, 57 (6).

[74] Klemperer P. How Broad Should the Scope of Patent Protection Be? [J]. The RAND JournaI of Economics, 1990, 21 (1).

[75] Klemperer P. Markets with Consumer Switching Costs [J]. The Quarterly Journal of Economics, 1987 (102).

[76] Klemperer. Paul Competition when Consumers have Switching Costs: An Overview with Applications to Industrial Organizations [J]. Macroeconomics and International Trade, the Review of Economic Studies Limited, 1995 (62).

[77] Kristiansen E. G. R&D in Markets with Network Externalities [J]. International Journal of Industrial Organization, 1996, 14 (96).

[78] Kristiansen E. G. R&D in the Presence of Network Externalities: Timing and Compatibility [J]. The RAND Journal of Economics, 1998 (29).

[79] Le Nagard-Assayag E., Manceau D. Modeling the Impact of Product Preannouncements in the Context of Indirect Network Externalities [J]. International Journal of Research in Marketing, 2001, 18 (3).

[80] Lee T., Wilde L. Market Structure and Innovation: A Reformation [J]. The Quarterly Journal of Economics, 1988, 94 (2).

[81] Loury G. Market Structure and Innovation [J]. Quarterly Journal of Economics, 1979, 93 (3).

[82] M. Callon. Technoeconomic Networks and Irreversibility in A Sociology of Monsters [J]. Essays on Power, Technology and Domination, 1991.

[83] Majumdar S. K., Venkataraman S. Network Effects and the

Adoption of New Technology: Evidence from the U. S. Telecommunications Industry [J]. Strategic Management Journal, 1998, 19 (11).

[84] Matutes C. Regibeau. Mix and Match: Product Compatibility without Network Externalities [J]. Rand Journal of Economics, 1988 (19).

[85] Matutes C. Regibeau. Standardization across Markets and Entry [J]. Journal of Industrial Economics, 1989 (37).

[86] Melnikov V. F., Shibasaki K., Reznikova V. E. Loop–top Nonthermal Microwave Source in Extended Solar Flaring Loops [J]. The Astrophysical Journal Letters, 2002, 580 (2).

[87] Michael L. Katz, Carl Shapiro. Product Introduction with Network Externalities [J]. The Journal of Industrial Economics, 1992, 40 (1).

[88] Michael L. Katz, Carl Shapiro. Technology Adoption in the Presence of Network Externalities [J]. Journal of Political Economy, 1986, 94 (4).

[89] Michael. Entry, Investment and Oligopolistic Pricing [J]. Bell Journal of Economics, 1977 (8).

[90] Michihiro K., Rob R. Bandwagon Effects and Long Run Technology Choice [J]. Games and Economic Behavior, 1998, 22(1).

[91] Mun Y. Yi, Joyce D. Jackson, Jae S. Park, Janice C. Probst.Understanding Information Technology Acceptance by Individual Professionals: Toward an Integrative View [J]. Information and Management, 2006 (43).

[92] Nordhaus W. Invention, Growth and Welfare [M]. London: The MIT Press, 1969.

[93] Ohashi H. The Role of Network Externalities in the US VCR Market in 1978 –1986 [J]. Journal of Economics and Management

Strategy，2003，12（4）.

[94] Oz Shy. Technology Revolutions in the Presence of Network Externalities [J]. International Journal of Industrial Organization，1996 （3）.

[95] Oz Shy. Technology Revolutions in the Presence of Network Externalities [J]. International Journal of Industrial Economics，1996 （14）.

[96] P. Belleflamme. Adoption of Network Technologies in Oligopolies [J]. International Journal of Industrial Organization，1998 （16）.

[97] Paul Klemperer. Markets with Consumer Switching Cost [J]. The Quarterly Journal of Economics，1987，102（2）.

[98] Paul Klemperer. The Competitiveness of Markets with Switching Cost [J]. The RAND Journal of Economics，1987，18（1）.

[99] R. B. Toth，C.E. Gastineau. The Economics of Standardization [J]. Standards Engineering Society，1984.

[100] Reinganum J. A Dynamic Game of R&D：Patent Protection and Competitive Behavior [J]. Econometrica，1982，50（3）.

[101] Rohlfs J. A Theory of Interdependent Demand for a Communications Service [J]. Bell Journal of Economics，1974，5（1）.

[102] Ryan S. P.，Tucker C. E. Diversification and the Dynamics of Technology Adoption [J]. Quantitative Marketing and Economics，Forthcoming，2011.

[103] Sanford V. Berg. Duopoly Compatibility Standards with Partial Cooperation and Standards Leadership [J]. Information Economics and Policy，1988，3（1）.

[104] Schmalensee Richard. Entry Deterrence in the Ready-to-eat Breakfast Cereal Industry [J]. Bell Journal of Economics，1978 （9）.

[105] Schmalensee Richard. Commodity Bundling by Single-prod-

uct Monopolies [J]. Journal of Law and Economics, 1982 (25).

[106] Schoeffler Sidney, Buzzell Robert D., Heany D. F. Impact of Strategic Planning on Profit Performance [J]. Harvard Business Review, 1974 (52).

[107] Scitovsky Tibor. Ignorance as the Source of Oligopoly Power [J]. American Economic Review, 1950, 40 (5).

[108] Scotchmer S. Standing on the Shoulder of Giants: Cumulative Research and the Patent Law [J]. The Journal of Economic Perspectives, 1991, 5 (1).

[109] Shankar Bayus. Network Effects and Competition: An Empirical Analysis of the Home Video Game Industry [J]. SSRN Working Paper Seriers, 2002 (2).

[110] Shleifer A. A Theory of Yardstick Competition [J]. Rand Journal of Economics, 1985, 16 (3).

[111] Shmuel S. Oren, Stephen Allan Smith. Service Opportunities for Electric Utilities: Creating Differentiated Products [M]. Boston: Kluwer Academic Publishers, 1993.

[112] Shy O. Industrial Organization: Theory and Applications [M]. Mit Press Books, 1996.

[113] Smithies Arthur. Optimal Location in Spatial Competition [J]. Journal of Political Economy, 1941 (44).

[114] Song I., Chintagunta P. K. A Micromodel of New Product Adoption with Heterogeneous and Forward −looking Consumers: Application to the Digital Camera Category [J]. Quantitative Marketing and Economics, 2003, 1 (4).

[115] Steiner Peter O. Peak Loads and Efficient Pricing [J]. Quarterly Journal of Economics, 1957, 71 (1).

[116] Stigler George. The Economics of Information [J]. Journal of

Political Economy, 1961, 69（3）.

［117］Stiglitz J. A Re-examination of the Modigliani-miller Theorem ［J］. The American Economic Review, 1969, 59（2）.

［118］Stokey Nancy L. Rational Expectations and Durable Goods Pricing ［J］. Bell Journal of Economics, 1981（12）.

［119］Telser Lester G. Why Should Manufacturers Want Fair Trade? ［J］. Journal of Law and Economics, 1960, 3（10）.

［120］Thomas Kittsteiner, Moldovanu Benny. Priority Auctions and Queue Disciplines That Depend on Processing Time ［J］. Management Science, 2005, 51（2）.

［121］Thum Marcel. Network Externalities, Technological Progress, and the Competition of Market Contracts ［J］. International Journal of Industrial Organization, 1994, 12（2）.

［122］Von Weizsacker C. The Cost of Substitution ［J］. Econometric, 1984（52）.

［123］Waldman M. A New Perspective on Planned Obsolescence ［J］. The Quarterly Journal of Economics, 1993, 108（1）.

［124］Webster Frederick E. The "Deal-prone" Consumer ［J］. Journal of Marketing Research, 1965, 2（5）.

［125］Wilde Louis. The Economics of Consumer Information Acquisition ［J］. Journal of Business, 1980, 3（7）.

［126］Williamson Oliver E. Peak-load Pricing and Optimal Capacity under Indivisibility Constraints ［J］. American Economic Review, 1966, 56（9）.

［127］Wilson Charles. The Nature of Equilibrium in Markets with Adverse Selection ［J］. Bell Journal of Economics, 1980（11）.

［128］Zhu F., Iansiti M. Entry into Platform-based Markets ［J］. Strategic Management Journal, 2012, 33（1）.

［129］Zusman Pinhas，Etgar Michael. The Marketing Channel as an Equilibrium Set of Contracts［J］. Management Science，1981(3).

［130］邓俊荣，王林雪.网络经济、寡头垄断效率与中国产业组织调整［J］.生产力研究，2006（3）.

［131］邓俊荣.网络经济视角下寡头垄断效率分析［J］.河北经贸大学学报，2005，26（5）.

［132］杜传忠.网络型寡占市场结构与企业技术创新——兼论实现中国企业自主技术创新的市场结构条件［J］.中国工业经济，2006（11）.

［133］范锋.中国网络企业商业模式创新［M］.北京：社会科学文献出版社，2012.

［134］葛亚力.技术标准战略的构建策略研究［J］.中国工业经济，2003（6）.

［135］何炬.供应链管理中的供应商选择机制［J］.科学学与科学技术管理，2001（9）.

［136］胡海波.3G长期演进技术——E3G［J］.世界电信，2006，19（4）.

［137］黄纯纯.网络产业标准竞争与转型经济中政府的作用［J］.中国人民大学学报，2006，20（5）.

［138］黄品奇，李玉红.网络产业的经济特点及其定价模式分析［J］.价格理论与实践，2003（4）.

［139］吉宏伟，孙武军.网络外部性、转移成本与产品兼容性决策分析［J］.管理学报，2007，4（6）.

［140］加里·哈梅尔，C.K.普拉·哈拉德.竞争大未来［M］.北京：昆仑出版社，1990.

［141］居文军，孙林夫.制造资源共享技术研究［J］.计算机集成制造系统，2007，13（7）.

［142］李保国，赵宏钟，付强等.毫米波频率步进单脉冲雷达

角跟踪技术研究〔J〕.电光与控制，2006（1）.

[143] 李保红，刘建设，吕廷杰.技术创新过程中的知识产权和标准化研究〔J〕.中国科技论坛，2007（7）.

[144] 李保红.基于标准生命周期的信息通信技术标准化策略研究〔D〕.北京邮电大学博士学位论文，2006.

[145] 李克克，陈宏民.PC软件产品竞争性升级的定价研究〔J〕.管理科学学报，2006，9（3）.

[146] 李克克，陈宏民.具有不对称网络规模的寡头市场条件下企业的R&D动机研究〔J〕.管理工程学报，2007，21（1）.

[147] 李克克，陈宏民.网络外部性条件下厂商的R&D动机研究〔J〕.系统工程学报，2006（2）.

[148] 李太勇.网络效应与标准竞争战略分析（上）〔J〕.外国经济与管理，2000（8）.

[149] 梁静，余丽伟.网络效应与技术联盟〔J〕.外国经济与管理，2000（4）.

[150] 刘晓峰，黄沛，杨雄峰.具有网络外部性的双寡头市场的动态定价策略〔J〕.中国管理科学，2007，15（1）.

[151] 刘秀新.自主技术标准化对中国通信设备制造业经济增长贡献的研究〔D〕.北京邮电大学博士学位论文，2006.

[152] 刘致纬.Wed2.0环境下网络企业运营模式建构研究——基于知识分享的分析〔D〕.上海财经大学博士学位论文，2007.

[153] 毛丰付.中国参与国际标准竞争：问题、原因与对策〔J〕.世界经济与政治论坛，2007（2）.

[154] 毛晶莹.网络经济时代的多网络竞争模型研究〔J〕.科技与管理，2005，7（1）.

[155] 潘海波，金雪军.技术标准与技术创新协同发展关系研究〔J〕.中国软科学，2003.

[156] 潘晓军，陈宏民.产品差异化与序贯推出的策略选择

[J].系统工程理论与实践，2002（8）.

[157] 强健，梅强.基于网络外部性的新技术采用及发展问题的研究 [J].科技管理研究，2010（2）.

[158] 史晋川，刘晓东.网络外部性、商业模式与 PC 市场结构 [J].经济研究，2005（3）.

[159] 帅旭，陈宏民.网络外部性、转移成本与企业兼容性选择 [J].系统工程理论与实践，2003（9）.

[160] 帅旭，陈宏民.网络外部性与市场竞争：中国移动通信产业竞争的网络经济学分析 [J].世界经济，2003（4）.

[161] 宋华.网络化经济时代企业战略联盟的竞争力分析——兼论中国企业的战略合作行为 [J].经济科学，2001(4).

[162] 孙元明.影响消费行为的消费者预期——消费者预期水平对消费意向和购买行为的影响分析 [J].消费经济，2001，17（4）.

[163] 王安宁，赵明等.Internet 模型与网络遥操作系统仿真环境的建立 [J].高技术通讯，2002，12（7）.

[164] 王国才，朱道立.网络经济下企业兼容性选择与用户锁定策略研究 [J].中国管理科学，2004，12（6）.

[165] 王国才.基于 Salop 模型的网络企业横向并购研究 [J].系统工程学报，2009，24（3）.

[166] 王国才.网络外部性、差异化竞争与主流化策略研究 [J].中国管理科学，2005，13（5）.

[167] 王俊豪.中国垄断性产业普遍服务政策探讨——以电信、电力产业为例 [J].财贸经济，2009（10）.

[168] 王琴.利用情感需求提高顾客转移的心理成本 [J].外国经济与管理，2001，23（9）.

[169] 王琴.网络外部性条件下的技术革新 [J].财经研究，2001（12）.

[170] 翁轶丛，陈宏民，孔新宇.基于网络外部性的企业技术

标准控制策略［J］.管理科学学报，2004，7（2）.

　　［171］翁轶丛，陈宏民，倪苏云.网络效应下的企业横向兼并与价格竞争［J］.上海交通大学学报，2002，36（4）.

　　［172］夏俊，吕廷杰.网络竞争：结构—行为—绩效［J］.中国地质大学学报（社会科学版），2006，6（5）.

　　［173］夏俊.网络型产业竞争政策研究［D］.北京邮电大学博士学位论文，2006.

　　［174］肖兴志.规制经济理论的产生与发展［J］.经济评论，2002（3）.

　　［175］幸昆仑，文守逊，黄克.网络外部性和溢出条件下企业R&D行为研究［J］.科技管理研究，2008，28（8）.

　　［176］胥莉，陈宏民，潘小军.消费者多方持有行为与厂商的兼容性选择：基于双边市场理论的探讨［J］.世界经济，2006（12）.

　　［177］徐迪，翁君奕.具有网络外部性的创新产品的兼容策略分析［J］.数量经济技术经济研究，2004，21（8）.

　　［178］殷醒民，刘修岩，贺小海.垄断企业网络外部性产品定价策略研究［J］.产业经济研究，2006（6）.

　　［179］约瑟夫·熊彼特.经济发展理论［M］.波士顿：哈佛大学出版社，1934.

　　［180］曾祖梅.基于生命周期的网络产品定价策略浅议［J］.商讯商业经济文荟，2005（2）.

　　［181］张地生，陈宏民.网络效应与产品差异化［J］.预测，2000，19（4）.

　　［182］张丽芳，张清辨.网络经济与市场结构变迁——新经济条件下垄断与竞争关系的检验分析［J］.财经研究，2006，32（32）.

　　［183］张铭洪.网络经济下的市场竞争策略与政府政策研究［D］.厦门大学博士学位论文，2001.

　　［184］张晰竹.中国规制与竞争：理论与政策［M］.北京：社

会科学文献出版社，2000.

［185］张小强. 网络经济的反垄断法规制 ［D］. 重庆大学博士学位论文，2006.

［186］周绍东，朱乾龙. 网络经济下垄断的动态效率探析 ［J］. 南方经济，2006（11）.

后 记

　　伴随着网络经济的快速发展以及网络产品的逐步普及，网络企业对整个社会经济的支撑和推动作用越来越大，尤其是对网络经济和电子商务发达的地区来说，网络企业更是引领行业发展的重要经济主体。从国内外网络企业发展的情况来看，其不仅是一国或地区发展的重要引擎，更为经济的发展带来了新业态、注入了新活力、添加了新元素。很多国家和地区依靠网络企业的迅速发展实现了传统产业的改造和升级，完成了产业结构的合理调整，形成了高新技术产业群、产业集聚区。网络企业带动网络平台发展，使得人们的沟通与联系、信息的获取与分享更加便捷和有效，这为社会提供了更多的创业机会，使有创业思想的人更容易创业，这不仅使网络信息资源能被更有效的利用，也能为社会创造更多的就业机会，在一定程度上解决了社会的就业压力。

　　不过，我国网络经济发展相对缓慢，尤其是中西部地区，由于理念落后、资源分散、人才相对匮乏等因素导致了网络企业的发展仍然受传统模式的制约和影响，严重影响了地区经济的发展和产业结构的优化升级。因此，如何进一步地推动网络经济的发展，充分发挥网络企业对地区经济的带动和引领作用是产业转移、产业升级、产业结构改造不可忽略的关键因素。这不仅要求政府要关注网络企业的技术创新行为和产品特征，还要关注网络产品的网络外部性特征对网络企业发展的影响，尤其是对企业创新行为的影响，以避免劣势技术对优良技术的驱赶，阻碍整个行业的技术进步。

本书在对网络企业技术创新和竞争策略有关理论和文献进行系统研究的基础上，对当前网络企业的网络外部性特征进行了客观描述，并进一步研究了企业如何在新技术采纳、企业市场进入方面获得竞争优势，同时探讨了技术竞争中的"超额冲量"和"超额惯量"现象对整个社会技术进步的影响，得出了提高网络企业竞争力的相关政策建议和具体措施，以期对相关领域和行业的发展提供智力支撑。

本书在写作过程中得到了多位老师的帮助：于同申教授在写作和修改方面给予了具体的指导；韩小明教授在内容安排和逻辑框架方面给予了中肯的建议；刘晓鲁老师在研究方法和数据分析方面给予了支持；杨其静老师在写作思想方面给予了鼓励。他们的帮助让我更加耐心和积极地去完成本书稿的写作，在此一并表示感谢。

此外，我还要感谢其他领导和同事的支持与帮助。

由于受视野和水平所限，本书还存在许多不足之处，恳请大家批评指正。

陈慧慧

2014 年 12 月